LES MONDES CÉLESTES

GUIDE D'EXPLORATION DES PARADIS ÉTERNELS

Crédits iconographiques : © Wikimedia, © Visualhunt, ©Istock

ISBN : 978-2-38410-030-9

THIERRY BOUCANIER

LES CARNETS MYTHIQUES

LES MONDES CÉLESTES

GUIDE D'EXPLORATION DES PARADIS ÉTERNELS

kiwi ÉSO

SOMMAIRE

INTRODUCTION

Dans chaque civilisation et depuis l'aube des temps, la notion de paradis a toujours existé. Elle est assimilée au refus de la mort et au désir d'une vie éternelle, entraînant des réflexions sur un possible au-delà. Cette volonté d'immortalité afin de rejoindre le domaine des dieux se retrouve dans de nombreuses légendes et mythologies. Pour cela, l'âme doit survivre au corps physique sur un plan spirituel.

Ce concept s'est construit petit à petit et à travers le monde, au sein de différents peuples qui, selon leurs croyances, situent ce lieu de repos éternel réservé aux justes sous terre, au ciel, tout en haut d'une montagne sacrée dont le sommet disparaît dans les nuages, sur un autre plan astral ou une dimension parallèle, ou bien, tout simplement, en soi. Depuis le temps des pyramides et des anciens Égyptiens, qui ont développé une véritable culture du voyage après la mort, ou de l'ère sumérienne, au cours de laquelle fut inventée il y a plusieurs millénaires la première religion dualiste connue du bien et du mal, ces lieux de plénitude dans l'au-delà réservés à une certaine élite méritante n'ont cessé d'évoluer.

Il est cependant souvent question d'une ville étincelante chargée de métaux rares et de pierres précieuses, entourée de jardins merveilleux où vivent des animaux fantastiques et des plantes sublimes qui ont le pouvoir de délivrer savoir illimité et immortalité à ceux qui en consomment les feuilles ou les fruits. La vie y est simple et emplie de bonheur, sans douleur ni fatigue, et tout y est disponible en grande quantité. Ce sont toujours des lieux de haute spiritualité faisant écho aux textes sacrés de chaque civilisation. L'humain y côtoie le divin qui continue à lui dispenser ses enseignements. La terre y est féconde et l'on n'y manque jamais de rien. Ces lieux sont baignés de lumière et de senteurs exquises. Mais ces divers paradis sont toujours gardés par de puissantes entités qui en restreignent l'accès à ceux dont l'existence a été exemplaire et qui y ont gagné leur place. Pour cela, il faut en général passer par toute une série d'épreuves et convaincre un tribunal qui va juger le poids de vos bonnes et mauvaises actions sur Terre pour vous accorder ou non le repos éternel.

Le paradis existe dans pratiquement toutes les croyances, mais il doit se mériter. Quel que soit son nom, Aaru, Garotman, les Champs-Élysées, le Tír na nÓg, Dewachen, le Nirvana, l'Éden, le Valhalla, le Svarga, les treize cieux, le Hanan Pacha, l'Ungawi, Hawaiki, l'Adlivun, la Terre pure de félicité, le Tengri, Ginen et bien d'autres encore, le but demeure toujours l'immortalité de l'âme. Les rituels sont également très importants pour accompagner le défunt dans cet ultime voyage et lui ouvrir les portes de l'immortalité. Ils demeurent différents dans chaque croyance mais sont toujours liés à l'environnement direct et à la nature qui entoure le lieu de vie.

Voici l'histoire des principaux mythes et croyances liés à la vie après la mort.

Bienvenue au paradis !

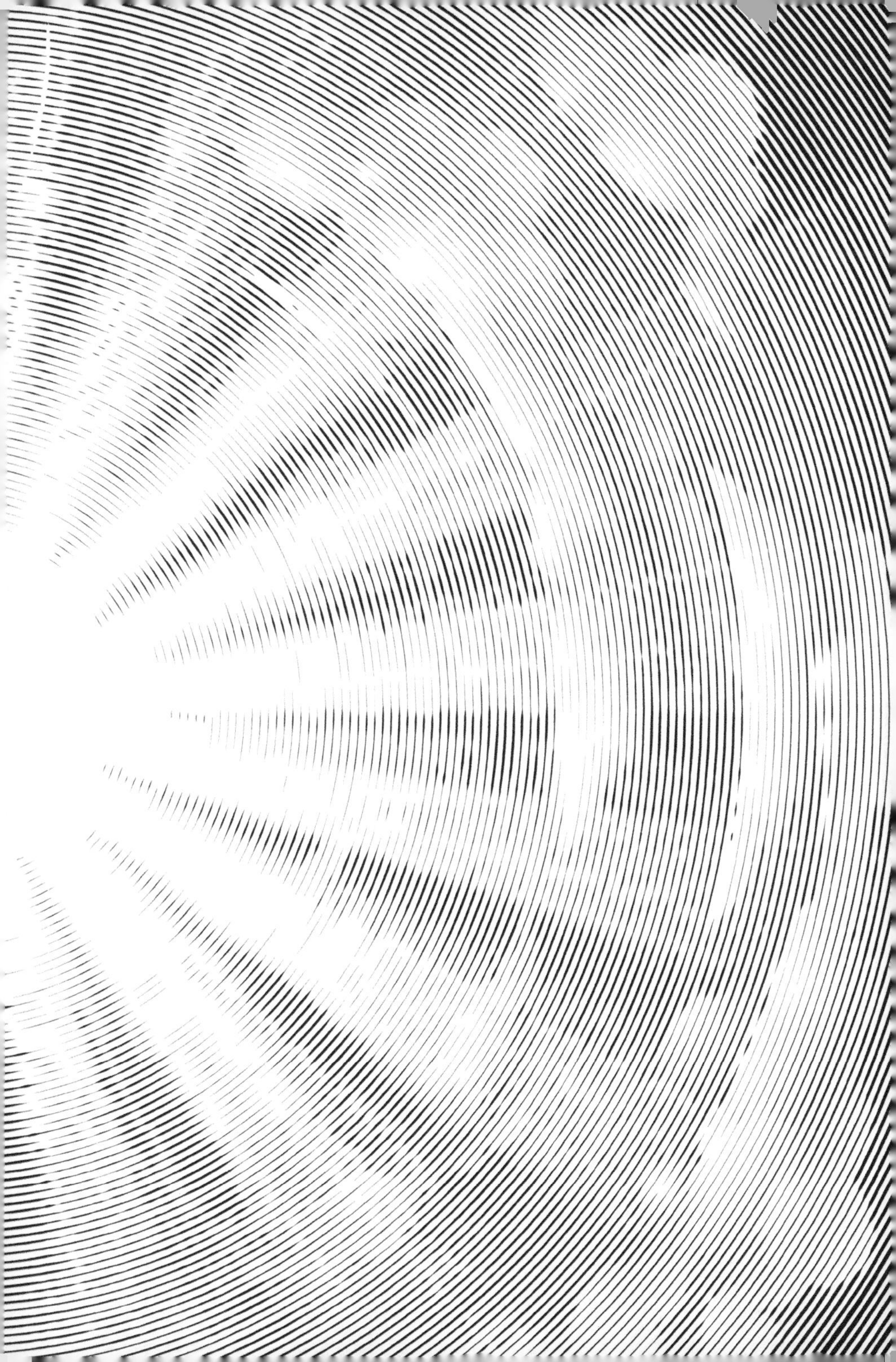

1

CHRISTIANISME : ÉDEN ET PARADIS

LA LÉGENDE

Le livre de la Genèse, le premier de l'Ancien Testament, décrit la cosmogonie judéo-chrétienne, c'est-à-dire la manière dont Dieu créa le monde et la vie sur Terre. Ce livre nous parle du paradis terrestre avant même d'évoquer le concept de paradis céleste.

En effet, une fois le monde, la végétation et les animaux créés, Dieu modela le premier homme dans de la poussière et la première femme à partir d'une des côtes de l'homme. Dieu les plaça dans sa création terrestre située à l'Orient, dans la septième sphère du firmament, afin qu'ils y cultivent le sol et le fassent prospérer. Il s'agissait d'un jardin merveilleux, un verger verdoyant nommé « l'Éden », situé au sommet d'une haute montagne. Les parois abruptes du mont, faites d'eau et de feu, constituaient un rempart inaccessible, séparant ce paradis du reste du monde sauvage et inhospitalier. Il y poussait toutes sortes d'arbres et de plantes aux fruits délicieux, des fleurs magnifiques aux parfums envoûtants, et tous les animaux de la création y cohabitaient en harmonie sous la supervision du premier couple humain, Adam et Ève. Un fleuve sortait de l'Éden pour irriguer les cultures et se divisait ensuite en quatre bras nommés le Tigre, l'Euphrate, Phison et Gihon. L'un des fleuves arrosait un pays dans lequel se trouvaient de l'or et de l'onyx en abondance.

Adam et Ève avaient le droit de manger les fruits de tous les arbres, sauf de celui de la connaissance du bien et du mal qui se trouvait au milieu du jardin, sous peine de mort. Mais un serpent malicieux vint trouver Ève et lui assura qu'elle ne craignait rien en mangeant ce fruit. Il ajouta même qu'ils seraient égaux à Dieu, accédant ainsi à toute la connaissance et au savoir illimité du monde. Ève se laissa tenter malgré l'interdiction divine, puis tendit un fruit à Adam qui le goûta aussi. À cet instant, ils prirent tous deux conscience de leur nudité et allèrent se cacher. Le ciel gronda alors et Dieu maudit les deux humains et les chassa du paradis terrestre dans lequel se trouvait également l'arbre de la vie éternelle. Afin de leur interdire l'accès à l'Éden, il posta à l'entrée des anges armés de glaives de feu, ôtant ainsi à Adam et Ève leur immortalité, et les condamnant à devoir travailler durement la terre pour obtenir de quoi subsister pour l'homme, et à enfanter dans la douleur pour la femme, puis à mourir de vieillesse.

C'est donc avec le concept du péché originel et de la mort punitive infligée aux humains par Dieu qu'apparaît le paradis céleste, la demeure des âmes justes qui seront sauvées après le trépas.

LE LIEU

Pour les chrétiens, c'est un ange gardien qui vient accueillir le défunt pour le guider à travers un long tunnel baigné d'une lumière chaude et enveloppante. Ce passage résonne de chants divins, du son des trompettes célestes jouées par des anges et de présences rassurantes, accueillantes et familières, et mène à l'entrée du paradis dont la grille est gardée par Saint Pierre, premier disciple et l'un des apôtres de Jésus, le fils de Dieu.

Ce dernier possède deux clés : l'une en or, l'autre en argent, qui permettent d'ouvrir ou de fermer les portes du paradis. La clé d'argent permet d'ouvrir les portes de la sagesse et d'éclairer l'esprit afin qu'il se détourne du mal. La clé d'or ouvre les portes de la vie éternelle au royaume de Dieu. Parfois, une troisième clé de fer lui est aussi attribuée ; elle sert à ouvrir et fermer les portes de l'existence terrestre. C'est donc Saint Pierre qui décide si l'âme qui se présente devant lui est assez pure pour ressusciter directement au paradis ou si elle doit auparavant passer par le purgatoire pour expier ses péchés dans l'attente du Jugement dernier.

Les textes bibliques expliquent que Dieu a son trône au plus haut des sept niveaux qui composent son royaume céleste. Ce trône est fait de jaspe, de cornaline et d'émeraude, et est entouré par un halo arc-en-ciel. Sur les vingt-quatre sièges qui l'entourent sont assis ses plus proches conseillers, vêtus de blanc et couronnés d'or, tel l'archange Gabriel. Ils se tiennent directement à ses côtés. Jésus, le fils de Dieu descendu sur Terre pour sauver les hommes et ressuscité au Paradis après avoir été crucifié, se tient à la droite de son père.

Dieu est entouré de ses sujets et ambassadeurs, les anges et les archanges dont la substance est moitié eau, moitié feu, de ses messagers chargés aussi de chanter ses louanges, et des séraphins et chérubins, ses gardiens et protecteurs. Les séraphins, qui gardent le trône de Dieu, sont pourvus de six ailes et servent également à empêcher le retour d'Adam et Ève. Dieu possède en plus une armée chargée de combattre les forces du mal dont le chef est l'archange Michel.

Le livre de L'Apocalypse de Pierre représente le Paradis comme un lieu situé hors de ce monde, resplendissant de lumière. Le bonheur y est suprême et définitif. L'air même y est illuminé des rayons du soleil, et la terre y abonde en épices et en plantes produisant de belles fleurs qui jamais ne se fanent. Les arbres, eux, portent des fruits bénis. Les habitants de cette région sont vêtus des mêmes vêtements qui rendent les anges brillants. Chaque nouvel arrivant est accueilli par soixante myriades d'anges qui placent sur sa tête deux couronnes, l'une d'or et l'autre de pierres précieuses, lui donnent huit bâtons de myrte et dansent devant lui en chantant d'une voix agréable. La cité est faite d'or et quatre fleuves y coulent : de miel, de lait, de vin et d'huile. Sur leurs rives croissent des arbres à dix mille branches portant dix mille grappes de fruits, et la lumière baignant ce pays a un tel éclat qu'il brille sept fois plus que l'argent. Les fruits des arbres au parfum suave mûrissent perpétuellement afin de nourrir les âmes pures qui jamais n'en ressentent la satiété, dans un festin sans fin. Les plats et les boissons y sont des plus raffinés.

Le Livre d'Enoch, un écrit apocryphe découvert dans les *Manuscrits de la mer Morte*, va encore plus loin dans les descriptions du Paradis. Enoch est le grand-père de Noé, l'homme qui construisit l'arche dans laquelle il fit monter un couple de tous les animaux de la création afin de les sauver du déluge exterminateur. Enoch fut, d'après la légende, l'un des très rares humains autorisés à visiter le royaume céleste sous la forme d'une vision et en compagnie d'un ange nommé Raphaël. Il devient donc notre guide en nous relatant son aventure.

Nous sommes alors tout d'abord transportés dans les airs avec Enoch par une puissante nuée, nous nous retrouvons environnés de nuages et de brouillards, dans une course folle aux frontières des cieux, jusqu'à un mur de grêle entouré de langues de feu. Nous traversons les flammes sans peine ni douleur et approchons d'un palais fait de glace et de neige, aux toits formés d'étoiles et d'éclairs de lumière. Sa porte est embrasée et au milieu de ses murs transparents se distingue un ciel d'eau. Nous entrons dans cette demeure divine qui est à la fois brûlante et gelée. Des anges y évoluent, marchant sur le feu ardent. Leurs visages sont transparents comme le cristal.

Puis un second palais se dévoile à nos yeux, encore plus grandiose, majestueux et magnifique. Sa base est étincelante, entourée de fleuves de feu infranchissables pour les âmes impures, et des étoiles filantes en forment le toit. Au plus haut niveau de cet édifice se trouve un trône de cristal duquel s'échappent des torrents de flammes dont l'intensité force à détourner le regard. Sur ce trône se tient un personnage habillé d'un vêtement plus brillant que le soleil et plus blanc que la neige. C'est le Seigneur, que même les myriades d'anges qui l'entourent en permanence en chantant ses louanges ne peuvent contempler ou approcher. Les douze immenses portes du ciel entourent le palais, par lesquelles le Soleil commence et termine sa course, tout comme la Lune et les étoiles. D'autres portes encore laissent passer les vents qui se répandent sur Terre. Certains portent la vie et la bénédiction céleste, d'autres, la désolation et la destruction.

Autour de cet édifice divin, on découvre une contrée magnifique. D'immenses montagnes se dressent encore plus haut dans les cieux et à leur sommet, au milieu d'un feu ardent, résonne le tonnerre de manière effrayante et jaillissent des éclairs aveuglants. Certaines montagnes sont faites de pierres précieuses et elles brillent nuit et jour. Leur pic est d'albâtre et de saphir. D'autres sont faites d'épices rares des plus odorantes. D'autres encore sont constituées de métal divers, de fer, d'airain, d'argent, d'or, de plomb et même de métal liquide.

À la base de chacune de ces montagnes, dans de verdoyantes vallées, se trouvent des arbres gigantesques qui exhalent des parfums suaves et produisent sans cesse des fruits délicieux. L'un de ces arbres donne des fruits réservés aux élus et personne n'a le droit d'y porter la main avant le jour du Jugement dernier, car il prodigue la vie éternelle, une existence sans peine ni douleur. S'y trouve aussi l'arbre de la connaissance, celui du paradis perdu du jardin d'Éden, dont les fruits illuminent l'intelligence de celui qui s'en nourrit. C'est de ce même arbre dont Adam et Ève cueillirent le fruit, avant d'être chassés du paradis terrestre pour avoir voulu approcher l'illumination et la connaissance divine. Cette contrée magnifique est aussi peuplée d'animaux les plus divers, d'oiseaux extraordinaires, tous paisibles et pacifiques. Elle est traversée par le fleuve de la justice, fait de feu qui coule comme de l'eau, dont le cours ne se tarit jamais et qui donne naissance à une multitude de rivières de sagesse dans lesquels nous pouvons venir étancher notre soif. Leur course se termine aux confins de ce royaume, dans une grande mer occidentale qui plonge dans les abysses, au milieu de noires ténèbres qui produisent l'hiver et où sont enfermées les âmes impures, en proie à d'innombrables supplices, jusqu'au jour du Jugement dernier.

LE RITUEL

Dans le christianisme, l'accès au Paradis est conditionné par l'observation stricte de certaines règles morales d'instruction religieuse et de conduite en société, les Dix Commandements, initiés dans l'Ancien Testament par le biais des Tables de la Loi obtenues par Moïse de la main de Dieu au Mont Sinaï. Ces dix commandements sont : Tu n'auras pas d'autres dieux, tu ne feras pas d'idole, tu respecteras le nom de Dieu, tu sanctifieras le jour du Seigneur, tu honoreras ton père et ta mère, tu ne tueras pas, tu ne commettras pas d'adultère, tu ne voleras pas, tu ne mentiras pas, tu ne convoiteras point.

Mais comme nous l'avons vu précédemment, il existait un autre paradis auparavant, terrestre celui-là, le jardin d'Éden. C'est le paradis perdu d'Adam et Ève, dans lequel l'immortalité régnait pour les créatures du démiurge nommé Dieu. Après leur renvoi, l'Éden fut alors interdit aux humains, devenus de simples mortels, d'où son nom de paradis perdu.

Depuis cet épisode tragique, pour les âmes encore de ce monde ou qui seront ressuscitées le jour du Jugement dernier, il faudra passer par la sanction divine et la damnation éternelle en cas de manquement à ces règlements. Si les péchés ne sont pas trop importants, un passage de purification par le purgatoire sera nécessaire. Un chrétien se rachète de ses péchés en priant et en faisant de bonnes actions avant de se présenter aux portes du Paradis. Certaines prières ont pour but d'invoquer la miséricorde et la clémence de Saint Pierre afin qu'il nous facilite le passage au Paradis céleste. Nous allons donc procéder au rituel de la lumière et de l'invocation de Saint Pierre qui est lié à une prière spécifique. Cette demande particulière se nomme « la Prière des trois clés ». Le meilleur jour pour effectuer ce rituel est le 29 juin, jour dédié dans le calendrier à cet apôtre.

Allumez une bougie blanche, symbole de pureté, au matin du 29 juin. Placez-la sur une assiette plate ou une soucoupe. Écrivez votre demande à Saint Pierre sur une feuille de papier vierge en ayant soin de reprendre un par un les dix commandements et de reconnaître sincèrement vos manquements éventuels aux lois divines. Laissez brûler complètement la bougie puis, à l'aide de sa dernière flamme, allumez la feuille de papier que vous laisserez se consumer dans l'assiette. Vous pouvez l'accompagner d'un peu d'encens afin de guider vers les cieux la prière des trois clés que vous allez alors réciter et qui accompagnera votre demande. L'encens purificateur et protecteur Saint Pierre en grain de résine qui se consume sur un charbon ardent est parfaitement adapté et fortement recommandé dans ce cas précis. Il protège de tous les accidents, redonne la santé, apporte de la vitalité, augmente le discernement spirituel et fait découvrir les choses secrètes.

Voici donc la « Prière des trois clés de Saint Pierre » :

Saint Pierre, prince des apôtres

Votre nom était Simon, Jésus-Christ l'a changé pour Pierre afin que vous puissiez être le rocher sur lequel le Seigneur allait construire le Temple de la Foi.

Quand le Seigneur a changé votre nom, il vous a donné les trois clés des secrets et des pouvoirs dans les cieux et sur la terre, en vous disant :

« Ce que tu lieras sur terre sera lié dans les cieux, et ce que tu délieras sur terre sera délié dans les cieux.

Saint Pierre, prince des apôtres,

La première clé est de fer et ouvre et ferme les portes de l'existence terrestre.

La deuxième clé est d'argent et ouvre et ferme les portes de la sagesse.

La troisième clé est d'or et ouvre et ferme les portes de la vie éternelle.

Avec la première, vous ouvrez l'entrée pour le bonheur sur terre.

Avec la seconde, vous ouvrez l'entrée de la science spirituelle.

Avec la troisième, vous ouvrez le Paradis.

Glorieux apôtre martyr,

Fermez pour moi les chemins du mal et ouvrez-moi les chemins du bien.

Déliez-moi sur terre pour que je sois délié dans les cieux.

Avec votre clé de fer, ouvrez-moi les portes qui se sont fermées devant moi.

Avec votre clé d'argent éclairez mon esprit pour que je voie le bien et que je m'éloigne du mal.

Avec votre clé d'or, déverrouillez les entrées de la cour céleste au moment où le Seigneur m'appellera.

Ce que vous lierez sur terre sera lié dans les cieux, et ce que vous délierez sur terre sera délié dans les cieux.

Glorieux Saint Pierre

Vous qui connaissez tous les secrets du ciel et de la terre, écoutez mon appel et exaucez ma prière. »

Amen !

2

ÉGYPTE ANCIENNE : LA DOUÂT ET AARU, LES CHAMPS DES ROSEAUX

LA LÉGENDE

Il existe dans l'ancienne mythologie égyptienne plusieurs récits légèrement différents selon les dynasties : celui d'Héliopolis pour la Basse-Égypte, de Thèbes pour le Moyen-Empire, et de Memphis pour la Haute-Égypte.

Dans les mythes de la Basse-Égypte (d'après les *Textes des Pyramides*, somme des plus anciens textes religieux au monde datant pour les premiers du XXIVe siècle avant notre ère), le Noun est l'océan primordial (dont le Nil est une subsistance pour les Égyptiens), l'énergie liquide, d'où naquit le dieu créateur Atoum en prenant conscience de lui-même grâce à ses pouvoirs magiques. Atoum est le démiurge qui créa le premier couple divin, Shou et Tefnout, dont descendent les principaux dieux de l'Égypte antique. À l'origine, Atoum est le dieu Soleil, mais il est rapidement assimilé à Rê, qui finit par le remplacer dans le panthéon égyptien. Pour le Moyen-Empire, c'est Amon, le père des dieux fondateurs du monde, qui, sous la forme d'un serpent, fertilisa l'œuf cosmique façonné dans les eaux primordiales.

À Memphis, capitale de la Haute-Égypte, le démiurge primordial se nomme Ptah et est à l'origine de la création de l'Univers par la pensée et le verbe. Puis il prit le limon de la terre pour créer et modeler l'être humain. Aussitôt son œuvre créatrice terminée, il céda la place à son successeur Rê, le Soleil.

De nombreuses divinités apparaissent ensuite. L'une d'entre elles défend l'entrée de l'au-delà pour les humains et se nomme Osiris. Ptah est d'ailleurs vite assimilé à Osiris, dont il absorbe l'apparence en Haute-Égypte. Osiris est à la base la divinité bienfaitrice de l'agriculture et de la fertilité, mais il meurt assassiné par son frère Seth, le dieu du chaos. L'épouse d'Osiris, Isis, découvre son corps et lui insuffle à nouveau la vie après l'avoir momifié afin de le reconstituer, car Seth l'avait découpé en morceaux. Puis elle fait de son époux le souverain de la Douât, l'au-delà réservé aux esprits immortels et lieu de passage de Rê, le dieu Soleil, qui s'y régénère durant les heures de la nuit.

D'après *Le Livre des Morts* et *Les Livres du monde souterrain*, l'au-delà est constitué de douze régions successives correspondant aux douze heures de la nuit. Le destin du défunt est déterminé par l'épreuve du jugement de l'âme, contrôlée par Anubis, le dieu à tête de chacal. Le cœur du défunt est alors pesé sur une balance à deux plateaux. Acquitté si son cœur est plus léger qu'une plume d'autruche, il entre dans le royaume d'Osiris. Sinon, et afin d'empêcher sa renaissance, son cœur est dévoré par la déesse Âmmout, un monstre hybride à tête de crocodile, à corps et pattes avant de lion et à l'arrière-train et pattes arrière d'hippopotame.

L'au-delà est à la fois souterrain, terrestre et céleste. Il accueille aussi bien les dieux que les élus et les damnés. Après un dangereux voyage et toute une série d'épreuves, les âmes justes accèdent pour l'éternité au Champs des Roseaux, nommé également « Aaru ». Pour les Égyptiens, la mort est une interruption temporaire de la vie et non une fin définitive. Les défunts importants, tels que les pharaons ou leurs proches, sont donc inhumés à l'aide de nombreux rituels précis, avec tous les objets et offrandes nécessaires à leur vie après la mort, comme des meubles, des vêtements, des bijoux, des amulettes magiques de protection, de la nourriture, des statuettes funéraires, appelées « ouchebtis » et destinées à les servir dans l'au-delà, des animaux de compagnie momifiés, et parfois même leurs propres serviteurs sacrifiés pour l'occasion. En vue de la momification afin de prendre l'apparence même du dieu Osiris, les organes des défunts sont retirés et placés dans des vases dit canopes. Seul le cœur, symbole spirituel et religieux, est conservé dans le corps. La momie est placée dans un sarcophage richement décoré au milieu des inscriptions et des formules magiques. Le voyage dans l'au-delà peut alors commencer, avec l'aide des textes sacrés qu'il faut connaître par cœur, mais les inscriptions et les incantations peintes sur les murs sont là pour rafraîchir les mémoires.

Les textes funéraires les plus importants à connaître se retrouvent dans *Le Livre des Morts*, *Le Traité des douze cavernes*, *Le Livre des portes*, *Le Livre des deux Chemins*, *Le Livre de l'Amdouat*, *Les Litanies de Rê*, ou encore *Le Livre de la vache du ciel*. Ces textes sont donc des manuels d'instructions réservés aux pharaons et aux personnages de noble lignée pour voyager dans l'au-delà. En effet, le défunt doit y franchir une série de portes gardées par des créatures effrayantes avec des têtes d'animaux. Les formules magiques et les incantations sont donc des indications pour les affronter et contiennent tous les noms des gardiens à vaincre. Ceux qui surmontent ces épreuves parviennent dans le paradis du Champ des Roseaux.

Le Livre de l'Amdouat est lié au voyage du dieu solaire Rê au cours des douze heures de la nuit. L'au-delà est une zone souterraine constituée de douze régions successives dont les entrées sont surveillées par des dieux-gardiens. À chaque heure, le défunt doit affronter un nouveau défi. La septième heure est la plus dangereuse, car les forces du mal et de la nuit se déchaînent en envoyant le serpent Apophis combattre Rê ; l'obscurité tente de vaincre la lumière.

Le Livre de la vache du ciel indique comment suivre l'exemple de Rê dans son voyage de la Terre vers le royaume des dieux. *Le Livre de l'Amdouat* nomme tous les monstres et tous les dieux du monde souterrain. Le défunt peut donc les appeler pour vaincre ses ennemis. *Le Livre des Portes* donne le nom des douze créatures qui gardent les portes du monde souterrain. Le voyageur de l'au-delà doit les nommer pour les franchir. Enfin, *Les Litanies de Rê* montrent les soixante-quinze formes du dieu solaire. Le défunt doit les reconnaître pour le rejoindre dans son voyage à travers le ciel.

Ces textes ont pour but d'assurer la résurrection après la mort. Pour les Égyptiens, le défunt d'origine royale devait revenir à la vie de la même façon que le dieu Soleil revenait chaque matin pour illuminer le monde. Ces derniers textes sont donc réservés aux rois et aux reines. Les tombes de la Vallée des rois et de la Vallée des reines sont faites pour l'éternité, pour protéger les dépouilles royales. Les formules et incantations inscrites sur leurs murs en font des véhicules magiques à destination de l'au-delà.

LE LIEU

Plusieurs textes sacrés décrivent l'au-delà minutieusement : *Les Textes des pyramides*, *Le Livre des deux chemins*, *Le Livre des Morts*, et *Les Livres du monde souterrain*. Ces textes sont également copiés sur les murs des tombes de rois ou de hauts dignitaires au sein des pyramides et des nécropoles afin de les guider dans leur voyage magique après la mort. Avant la pesée du cœur devant Osiris, une série d'épreuves attendent le voyageur. Celui-ci embarque sur la barque solaire sacrée en compagnie d'autres divinités qui vont l'interroger sur ses motivations et vérifier qu'il connaît bien les formules magiques des différents livres sacrés. Ces incantations vont aussi l'aider à combattre d'innombrables ennemis et animaux sauvages jalonnant son chemin. En effet, chaque passage est une épreuve dans laquelle le défunt doit prouver ses connaissances ésotériques en prononçant le nom des gardiens et en récitant des hymnes en hommage aux divinités de l'au-delà. Après avoir franchi toutes les portes, puis une ceinture de feu gigantesque, une immense zone ténébreuse et des territoires emplis de flammes attendent le voyageur. Deux chemins sont ensuite possibles, un terrestre, l'autre fluvial, comportant chacun des épreuves différentes afin d'atteindre le royaume d'Osiris. Ces épreuves consistent généralement à citer les noms des nombreuses créatures mythiques et déités rencontrées sur le chemin afin d'avoir à éviter à les combattre. Ces écrits sont également un guide, une carte précise des lieux à traverser avant de pouvoir atteindre l'Aaru.

La géographie de l'Aaru est calquée sur celle de l'Égypte et du delta du Nil : plaines verdoyantes peuplées d'animaux divers, fleuves fertilisants aux eaux pures, champs de blé, d'orge, de roseaux et de papyrus entourés par des canaux d'irrigation, villes et villages dans lesquels on ne manque de rien et où la vie est simple et paisible. C'est un endroit paradisiaque à tous les niveaux. Dans le Champ des Roseaux, le défunt retrouve les mêmes activités que de son vivant. S'il était paysan par exemple, il y travaille ses champs et profite aussi de nombreux moments de repos et de célébration. Les pharaons et hauts dignitaires quant à eux vivent dans de somptueux palais tels des dieux et leurs moindres désirs sont immédiatement exaucés. Les déplacements de ville en ville se font au moyen de barques magnifiques grâce auxquelles il est possible de pêcher de manière abondante. Les différents champs assurent d'excellentes moissons en permanence, Osiris étant le dieu de la fertilité. L'orge y pousse à plus de deux mètres de hauteur et le blé plus haut encore. Ces champs prodigieux fourmillent de vie et de plantes. On y trouve des palmiers-dattiers, des genévriers et des sycomores. Ces derniers sont considérés comme des arbres de vie et l'une des nombreuses formes de la déesse du ciel Nout, qui procure aux défunts fraîcheurs, boissons et aliments. Chaque résident reçoit des offrandes journalières de pain, de bière, de viande, de volailles, de galettes, de gâteaux et des tissus divers et vêtements de lin blanc. Tous les jours, des processions religieuses ont lieu en présence d'Osiris et de Rê, le dieu du Soleil. Ainsi, la prospérité et le bonheur éternel règnent dans les Champs des Roseaux de l'Aaru.

LE RITUEL

Comme nous l'avons vu précédemment, différents ouvrages magiques permettent de surmonter les épreuves qui attendent le défunt sur le chemin du repos éternel. *Le Livre des Morts* est le plus important de tous ; c'est le guide ultime de la vie après la mort.

Voici l'un des rituels les plus importants de cet ouvrage, permettant l'accomplissement des vœux et l'élimination des obstacles qui se dressent sur le chemin avant d'accéder au Champ des Roseaux.

Osiris est la plupart du temps représenté momifié, les bras croisés sur la poitrine, tenant dans ses mains les symboles de la royauté, le sceptre et le fouet. Il est coiffé d'une couronne agrémentée de plumes d'autruches qui servent à la pesée des âmes. Son corps est orné de vert pour la fertilité et de noir pour le royaume des morts.

Afin d'effectuer ce rituel, nous aurons besoin de quelques ingrédients : des plumes, des pierres vertes et noires, de l'eau dans une coupole pour symboliser le Nil et, si possible, d'une ankh, la croix de vie égyptienne afin de bénir les offrandes à disposer sur un autel. Les plumes peuvent être de n'importe quel oiseau, trouvées sur le sol bien entendu et non arrachées à leur propriétaire par respect de la vie, car c'est le symbole qui compte ; il rappelle l'épreuve de la pesée des âmes devant Anubis. Les pierres vertes et noires peuvent être par exemple de l'amazonite et du granite, pierres facilement trouvables dans des magasins spécialisés en lithothérapie, et qui étaient fréquemment utilisées en Égypte ancienne dans la fabrication d'amulettes magiques. Enfin, pour l'eau, à moins de pouvoir obtenir de l'eau du Nil lui-même, une eau minérale pure suffira amplement. Placez toutes vos offrandes sur un autel érigé au préalable, couvert d'un tissu blanc immaculé, en lin de préférence. Enfin, si vous ne disposez pas d'une ankh, la croix de vie sacrée égyptienne dont le haut est formé d'une anse, vous pouvez très bien en fabriquer une dans du carton épais et la peindre en doré. L'ankh est souvent portée par les dieux car elle permet d'insuffler la vie et offre une protection divine aux morts. C'est un puissant talisman.

Tout en purifiant vos offrandes à Osiris grâce à l'ankh, vous pouvez alors prononcer l'ode suivante tirée du *Livre des morts* :

Hymne à Osiris, le grand dieu et roi de l'éternité, le seigneur du toujours, dont la vie s'étend sur des milliers d'années, le fils aîné du ventre de Nout, le prince maître de la double couronne, le souverain des dieux et des hommes qui a reçu les symboles royaux. Heureux sois-tu, toi qui es dans le monde des morts pendant que ton fils Horus est installé sur ton trône, toi le très vénéré et très craint en ton nom d'Osiris, toi qui dureras à jamais. Hommage te soit rendu, toi le roi des rois, le seigneur des seigneurs, le souverain des souverains qui as conquis le double pays quand il était encore dans le ventre de Nout. Daigne m'accorder la béatification dans le ciel, la richesse sur terre, l'acquittement dans le monde des morts, et puissé-je, en âme vivante, aller en paix sans être arrêté à aucune porte de l'au-delà. Et puisse-t-on m'accorder du pain dans la maison des purifications, des offrandes dans la ville sainte, et que soit établie ma propriété dans les champs des roseaux, riches en blé et en orge.

3

MÉSOPOTAMIE : LE MONDE D'EN BAS

LA LÉGENDE

Plusieurs mythologies se regroupent en Mésopotamie antique, notamment sumérienne et babylonienne. Elles sont détaillées dans des écrits tels que *l'Épopée de Gilgamesh* et l'*Enûma Elis*.

Au tout début, il n'existait qu'une vaste étendue d'eau ainsi que deux divinités, Apsu, seigneur des abîmes d'eau douce qui gisent sous la terre, et son épouse, Tiamat, qui représente l'eau salée, le chaos primitif et la mer primordiale. Ils engendrèrent à leur tour une multitude de dieux divers et perpétuellement en guerre, certains servant le bien, d'autres le mal et le chaos, dont Marduk qui, par soif de pouvoir, finit par tuer Tiamat. Nous avons là la preuve que, même si les dieux mésopotamiens vivent éternellement par nature, ils ne sont néanmoins pas immortels. Marduk découpa Tiamat en deux et, avec son torse et sa tête, il créa la voûte céleste ; avec ses jambes, il créa la terre, les montagnes et les fleuves. Sin, le dieu de la Lune, fut créé pour diriger la nuit et Shamash, le dieu du Soleil, pour diriger le jour, et leur demeure fut installée dans le ciel. An (ou Anu) était la divinité de cette immense demeure céleste en tant que dieu du ciel, de la végétation et de la pluie. Cette demeure était réservée aux dieux et à ceux qui avaient succombé comme Tiamat.

Marduk devint le dieu principal de Babylone suite à sa victoire sur Tiamat, supplantant même An, le dieu du ciel, dans sa fonction de père des dieux, siégeant au palais de l'Esagil, considéré par les Mésopotamiens comme le centre du monde et le premier lieu émergé du chaos où furent créées toutes choses se trouvant sur Terre. Les êtres humains furent ensuite créés à partir d'argile et du sang d'une divinité sacrifiée afin de servir les dieux. Ces derniers s'assurèrent que les humains ne pourraient être immortels, la mort symbolisant l'infériorité de leur condition, et décidèrent de leur destinée. Ainsi, après la mort, les êtres humains étaient condamnés à devenir des spectres errants et immatériels et leurs cadavres, à se décomposer lentement. Les spectres se dirigeaient alors vers leur lieu de repos dans l'au-delà nommé « les Enfers », qui n'était pas nécessairement un lieu de supplice, mais plutôt un lieu d'oubli.

Le destin classique des humains était donc la mort et l'oubli chez les Mésopotamiens. Seuls les dieux avaient accès à l'immortalité du corps et de l'esprit. Ces Enfers, aussi nommés « le Monde d'en bas » ou « le Pays du non-retour », étaient la demeure de la déesse Ereshkigal, et de son époux Nergal. Le monde d'en bas était le lieu de séjour de tous les défunts, celui de la fin de l'existence. Cependant, pour ceux qui avaient eu une mort infâme ou déshonorante, le destin était tout autre que celui de l'oubli dans ce monde gris et sans vie, car ils se transformaient alors en démons, errant sur terre pour hanter les vivants et leur causer des maladies. Seuls ceux qui avaient eu droit à des rites funéraires convenables et qui avaient été honorés par leur famille pouvaient espérer une vie dans l'au-delà convenable, sans souffrances, et faire bénéficier leurs proches toujours vivants d'une action bénéfique en retour.

LE LIEU

L'au-delà mésopotamien prévu pour les humains était situé sous terre, contrairement à celui des dieux bons qui se trouvait initialement dans le ciel de An. Les dieux mauvais ou liés à des épidémies, guerre, catastrophe naturelle et mort violentes résidaient aux Enfers et y demeureraient en cas de décès. Mais il était extrêmement rare qu'une divinité perde la vie dans la mythologie mésopotamienne.

Le fait d'enterrer les défunts chez les humains devait leur faciliter l'accès au monde souterrain de l'au-delà, celui où ils pourraient reposer pour l'éternité, contrairement aux damnés qui revenaient errer sans fin sur Terre sous forme spectrale sans pouvoir trouver le repos. Grâce à certains textes mythologiques, comme *La descente d'Inanna aux Enfers*, nous pouvons visiter cet endroit mythique.

L'au-delà mésopotamien possède une entrée dans le palais de Ganzer, situé au Couchant, à l'extrémité ouest du monde, qu'on ne peut atteindre qu'après avoir traversé une immense steppe aride hantée par des fauves et des fantômes condamnés à tourmenter les vivants, suivie par de nombreuses montagnes crevassées.

Ceci fait, afin d'entrer dans le palais de Ganzer et de trouver l'entrée du Monde d'en bas, il faut heurter un énorme huis de bronze afin d'avertir de sa présence, puis expliquer la raison de sa venue en ce lieu. Dans le texte sacré, il est noté que le verrou intérieur du palais de Ganzer est poussiéreux, ce qui signifie que les portes s'ouvrent rarement vers le monde des humains et que peu de personnes arrivent à ressortir des Enfers, ce pays de non-retour. Inanna, la déesse de l'amour et de la guerre symbolisée par la planète Vénus, fille de Sin la Lune et sœur de Shamash le Soleil, y parvint néanmoins. Sa fonction de déesse guerrière l'autorisait à voyager librement entre les mondes et donc à ouvrir les portes du monde d'en bas. Descendue aux Enfers dans le but de renverser sa sœur aînée et ennemie jurée Ereshkigal, la Reine des Morts, Inanna fut cependant tuée par cette dernière qui déversa sur elle toutes les maladies du monde, puis ressuscitée grâce à l'eau vitale par Apsu/Enki, le dieu originel des abîmes d'eau douce qui gisent sous terre, en contrepartie d'une autre vie, d'un substitut qui devait prendre sa place dans l'au-delà. Elle choisit son époux Dumuzi, le dieu de l'abondance, pour la remplacer, furieuse du fait qu'il n'ait pas respecté le deuil s'imposant suite au décès de son épouse. Mais finalement, devant les remords et les supplications d'Inanna auprès des sept juges des Enfers, la peine de Dumuzi fut allégée et il obtint le droit de retourner sur Terre tous les six mois, et donc d'alterner les périodes dans le monde des humains et celles dans le monde d'en bas. C'est depuis ce temps que les récoltes ne sont abondantes que durant la moitié de l'année, et s'assèchent l'autre moitié, lorsque Dumuzi retourne aux Enfers, créant ainsi le cycle des saisons. C'est également la raison pour laquelle, grâce à la résurrection d'Inanna, l'amour existe toujours sur Terre, mais aussi la guerre, malheureusement.

Pour en revenir à notre visite de l'au-delà, si les gardiens du palais de Ganzer décident de vous laisser entrer, il faut ensuite emprunter une barque dont Enlil est le passeur pour traverser le fleuve Hubur qui sépare le monde des morts et celui des vivants. Ensuite, il faut traverser les sept portails qui mènent au cœur des Enfers, comme sept remparts, gardés par Petû, le portier à tête de lion et aux pattes d'oiseau, et ses serviteurs.

D'après la règle antique des Enfers, il faut enlever l'un de ses vêtements après avoir traversé chacun de ces portails. Cette tradition permet d'arriver nu et affaibli devant les juges divins qui décident de votre avenir en fonction de vos mérites et de votre vie terrestre, car il existe aussi un lieu de souffrance et de supplices, dirigés par des démons, au plus profond du Monde d'en bas, pour les moins vertueux. Ces vêtements retirés au fur et à mesure de l'avancée dans ces lieux symbolisent aussi la vitalité de l'existence terrestre qui quitte le défunt petit à petit.

Une fois toutes ces épreuves passées avec succès, on arrive alors devant une gigantesque citadelle de lapis-lazuli, qui n'est autre que la demeure des seigneurs de ce lieu, les divinités suprêmes des Enfers et de la mort Ereshkigal et Nergal. D'autres divinités vivent en ces lieux, comme Namtar, le dieu du destin, grand vizir et esprit de la mort, les sept juges des Enfers nommés « les Annunaki », dont fait partie Gilgamesh, Lamashtu, la démone des maladies, Pazuzu, le chef des démons du vent et des exorcistes, Erra, représentant les conséquences destructrices de la guerre et des épidémies, Geshtinanna, la scribe des Enfers et interprète des rêves, ou encore Shamash, le dieu soleil, qui y réside quand il fait nuit sur Terre.

Ce lieu est pourtant loin d'être un paradis pour les humains tel qu'on peut se l'imaginer. D'après le texte *Gilgamesh, Enkidu et les Enfers*, on y trouve des spectres qui vivent là une pâle réplique de leur vie terrestre, qui tentent de rassembler leur os épars pendant que d'autres se nourrissent de terre et de poussière et s'abreuvent d'eau saumâtre, n'ont plus ni jambes ni mains, ou encore sont rongés indéfiniment par les vers jusqu'à leur effacement complet. C'est un monde de silence et de pénombre, un lieu sinistre où les ombres des morts errent sans but et où les seuls animaux présents sont des oiseaux nocturnes craintifs. Les morts y accomplissent les mêmes gestes que dans leur vie d'avant, mais sans but et sans plaisir. Et c'est pourtant l'un des destins les plus enviables des défunts qui ont été oubliés des vivants, comparé aux supplices horribles infligés aux moins chanceux.

Seul un culte funéraire régulier rendu aux morts par leur proche entourage encore vivant sur Terre peut leur apporter un peu de réconfort dans l'au-delà. Il faut donc espérer que les rituels ont bien été accomplis afin de pouvoir trouver un peu de repos en ce lieu, et bénéficier de quelques avantages, comme manger du pain frais et boire de l'eau claire, tout en profitant de la lumière et de la chaleur dispensées par Shamash, le dieu du Soleil, qui vient éclairer cet endroit les heures de la nuit pour ceux qui l'ont honoré de leur vivant.

LE RITUEL

Selon les rites funéraires mésopotamiens, le culte des ancêtres était donc primordial afin d'éviter d'être tourmenté par l'esprit vengeur de leur fantôme, surtout chaque année au mois d'Abu (juillet-août), durant lequel les morts revenaient des Enfers pour importuner les vivants. Il fallait alors organiser des fêtes en leur honneur et procéder à des rituels d'exorcisme et d'apaisement particuliers.

Le rituel le plus courant effectué était le Kispu, ou Kianag en sumérien. On se munissait des statuettes à l'effigie du défunt, on traçait des cercles magiques, on déposait des offrandes de nourriture et de boisson sur un autel ainsi que des objets qu'il avait aimé durant sa vie terrestre, on invoquait son nom pour préserver sa mémoire, et on lui faisait de nombreux cadeaux, comme des vêtements, des bijoux, du mobilier et de la vaisselle, afin qu'il puisse honorer à son tour les divinités des Enfers par ces présents. Les plus aisés, et en particulier ceux de lignée royale, pouvaient ainsi se présenter au moment de leur décès devant la citadelle de Ganzer sur des chars remplis de présents pour les dieux. Cela leur assurait une existence post-mortem plus douce que celle du commun des mortels.

Lors du rituel du Kispu, l'effacement des fautes commises par le mort était symboliquement associé au geste de dénouer une ficelle ou d'éplucher une tête d'ail, puis au fait de les brûler afin d'exorciser le mal. Mais l'officiant devait aussi se purifier avant d'entamer de tels rituels. Pour cela, il utilisait des figurines magiques de transfert des impuretés, véritables réceptacles de mauvaises ondes, et récitait des incantations. Ce type de rituel répété régulièrement peut être comparé à celui de la confession chrétienne, qui lave des péchés et prépare à la vie après la mort.

Le rituel mésopotamien du Kispu est donc destiné à se purifier soi-même afin d'honorer un être cher décédé et de lui apporter un peu de réconfort dans l'au-delà. Il peut s'appliquer aussi bien en mémoire d'un être humain que d'un animal disparu par exemple.

Il vous faut tout d'abord réunir une photo du défunt, un ou plusieurs objets lui ayant appartenu ou qu'il appréciait particulièrement, des offrandes de nourriture et de boisson adaptées à sa personnalité et à ses goûts, des cadeaux divers que vous souhaitez lui faire, et une ficelle. Bien sûr, les bougies et l'encens apportent toujours une dimension intéressante à ce type de rituel en attirant l'attention des esprits et en portant vos prières avec leurs effluves. Il vous faut également une figurine ou une effigie que vous détruirez après le rituel. Celle-ci est censée vous représenter et absorber les mauvaises ondes et peut être fabriquée avec de la glaise ou de la pâte à modeler, ou même dessinée sur une feuille de papier.

Déposez tous ces objets et offrandes devant vous après vous être lavé avec de l'eau claire et prenez dans vos mains la figurine d'exorcisme vous représentant. Vous pouvez alors réciter le rituel de l'incantation magique de transfert des impuretés, permettant d'être purifié afin d'honorer la mémoire des ancêtres et de leur autoriser ainsi un meilleur séjour dans le Monde d'en bas :

Je me suis lavé les mains, j'ai purifié mon corps dans l'eau de source pure qui vient d'Eridu.

Que tout mal, toute influence mauvaise qui se trouve dans mon corps, dans ma chair, dans mes veines, le mal prédit par les mauvais rêves, les mauvais présages, que tout mal survenu par ce que j'ai vu de jour en jour, ce que j'ai foulé dans la rue, aperçu dans les environs, que le génie méchant, le spectre méchant, la maladie, l'épidémie, l'insomnie, l'apathie, les troubles, les tourments, et tout mauvais sort jeté par des hommes, que tout cela passe par l'eau sale dans laquelle je me suis lavé, dans la figurine qui me sert de substitut.

Que mon effigie porte mes péchés à ma place, que les rues et les ruelles dissolvent mes péchés, qu'une substitution ait lieu, qu'un transfert ait lieu, qu'un autre reprenne l'emprise qui m'a pris, que le lendemain m'apporte la santé, le mois prochain la joie et l'année la fortune.

Secourez-moi, ô An, Shamash et Marduk, pour que les envoûtements, la salive, la suie et tout mauvais sort jeté par des hommes lâchent leur prise et que la magie quitte mon corps.

Une fois le rituel terminé, brûlez la feuille de papier ou enterrez la figurine grâce à laquelle vous avez effectué le transfert d'impuretés.

4

Empire perse : Garotman, la maison des chants

LA LÉGENDE

Les textes religieux du zoroastrisme, la doctrine créée par le prophète Zarathoustra, sont contenus dans l'*Avesta*, le livre sacré des croyances mazdéennes perses. Il s'agit là de la première religion dualiste de l'histoire du monde, reposant sur le combat du bien et du mal, de la lumière contre les ténèbres. Le démiurge Ahura Mazda y est opposé à l'esprit du mal, Ahriman.

Ahura Mazda, qui s'est créé tout seul par la pensée, est le dieu omniscient et tout-puissant de la lumière, de la construction et de la fertilité, la force créatrice du ciel, des douze constellations, du monde et de son centre, le mont Terak, ainsi que des continents et des quatre éléments, l'eau, la terre, le feu et l'air. Le Soleil est son œil et le ciel son vêtement, brodé d'étoiles. Viennent ensuite dans sa création les plantes, les animaux et les humains. Ahura Mazda a créé l'être humain à partir d'une plante, pour qu'il le serve, en lui donnant son libre arbitre afin qu'il puisse toujours choisir entre le bien et le mal. Toute cette création a été réalisée en 365 jours et six époques distinctes.

Ahriman, son opposé et jumeau maléfique, est le dieu de l'obscurité, de la destruction, de la stérilité et de la mort, souvent représenté sous la forme d'un serpent. Il habite dans les profondeurs, dans les ténèbres.

Les deux dieux sont en conflit permanent, néanmoins séparés par un vide immense, et sont entourés chacun de nombre de divinités diverses, de génies élémentaux ou de démons. Ahriman, qui au début n'était pas conscient de l'existence du bien et de ses représentants, a fini par découvrir les créatures brillantes et puissantes habitant dans les cieux et cherche depuis par tous les moyens à détruire les créations d'Ahura Mazda et à les remplacer par les siennes. Ce conflit doit durer neuf mille ans et finir par l'anéantissement du mal et la victoire finale du bien et de la lumière.

L'*Avesta* décrit ainsi les deux divinités dans ses premières lignes :

> *Au commencement était l'espace immense, sans limite, subsistant par lui-même dans le temps infini et renfermant en soi comme dans deux hémisphères la lumière et les ténèbres éternelles. Dans ces deux régions extrêmes et éternelles existaient deux esprits primordiaux, incréés, dits jumeaux, parce qu'ils avaient une origine semblable, mais entièrement opposés de nature et de tendance. L'un était lumineux, bon, tendant au bien ; l'autre, ténébreux, méchant, se plaisant au mal. Le premier, principe de vie ; l'autre, principe de mort. Tous deux créèrent et produisirent les êtres contingents. Mais le premier créa tous les êtres bons, utiles, purs ; le second produisit tous les êtres destructeurs et impurs, tous les maux, toutes les souillures. Le premier est appelé Ahura Mazda, l'esprit saint qui favorise la vie, la croissance, et le second, Ahriman, l'esprit destructeur. Les œuvres du bon esprit sont la terre, l'atmosphère et les astres, les animaux utiles, l'homme et les bons génies. Celles de l'esprit du mal ne comprennent que les animaux nuisibles et impurs, les maux qui affligent la terre et les hommes, les crimes, les maladies et la mort. Les mauvais esprits sont dits, parfois aussi, ses créatures.*

Cette dualité perpétuelle s'applique donc également aux humains qui vont être jugés à la fin de leur existence terrestre sur la somme de leurs bonnes ou mauvaises actions. Seules les âmes vertueuses ont accès au ciel du Garotman, aussi nommé « la Maison des chants », dans les cieux, aux côtés d'Ahura Mazda qui y siège sur son trône d'or.

LE LIEU

D'après les anciennes coutumes perses, les défunts sont tout d'abord déposés dans des structures funéraires surélevées appelées les tours du silence dans lesquelles les âmes doivent demeurer trois jours avant que le vent les emporte jusqu'au pont de Chinvat, un pont lumineux au sommet d'une montagne, tel un arc-en-ciel surplombant la porte de l'au-delà où les morts sont départagés. Les âmes y sont en effet jugées et vont en enfer ou au ciel selon leurs mérites durant leur existence terrestre.

Le feu solaire divin illumine les fidèles aux âmes pures qui entretiennent de bonnes pensées, de bonnes paroles et de bonnes actions, méritant ainsi la traversée du pont de Chinvat et l'accès à la demeure céleste et le bonheur après la mort dans la Maison des Chants, le paradis des Perses. Les autres tombent du pont et finissent dans la Maison du Mensonge, un lieu de punition terrifiant. Mais ce lieu terrifiant, également nommé « la Maison du Druj », n'est pas un lieu de séjour définitif. Il s'agit plutôt d'une sortie de purgatoire qui, après un temps de sévices pour expier ses péchés, permet d'accéder finalement au Garotman et à la promesse d'une vie éternelle paisible et sereine.

L'*Avesta* explique que « Zarathoustra franchira le pont de Chinvat à la tête de ceux qui lui auront donné la meilleure chose de cette existence ou qu'il aura amenés à exalter le dieu Ahura Mazda, dans la Maison des Chants. Ceux qui ont commis de mauvaises actions tomberont du pont et resteront des hôtes de la Maison de la Druj. » La traversée du pont de Chinvat implique de passer devant les trois juges des âmes qui prennent trois jours et trois nuits pour établir un verdict. Dans l'attente de leur décision, l'âme du défunt plane au-dessus de son corps en méditant sur son existence. Les démons en profitent pour la tourmenter et tenter de la pervertir pour l'emmener en enfer. Au bout de ce délai des trois jours et trois nuits, un vent à la senteur agréable ou fétide atteint l'âme du défunt et lui présente sa propre nature sous la forme d'une jeune fille magnifique ou hideuse, selon les actes réalisés durant la vie terrestre. Si l'âme est bonne et pure, c'est Daênâ, l'une des trois juges et la divinité psychopompe de la perspicacité et de la révélation, qui lui fera traverser le pont à travers un rayon intense de lumière et la guidera vers la Maison des Chants afin de lui offrir ses récompenses, comme l'huile dorée qui est l'aliment du paradis mazdéen, symbole de l'abondance et des délices, de la richesse spirituelle et de l'éclat, et lui permettre enfin de vivre éternellement dans une joie sans limite.

Cet endroit paradisiaque est décrit comme entouré d'une grande enceinte brillante, dépourvu de glaces et de pentes. Le sol y est plat et la température, toujours douce. La lumière y est infinie, il n'y fait jamais nuit car il ne sert à rien d'y dormir, la fatigue n'y existe plus.

C'est un grand domaine extraordinaire et incommensurable de pavillons richement décorés et de jardins persans, ombragé, fleuri et agréable, traversé par une eau pure jaillissant du sous-sol et qui se déverse dans de multiples bassins en forme de croix, un espace clos et protégé, lieu de repos spirituel et récréatif dans lequel on ne manque de rien. Des tapis confortables et des coussins sont disposés sur le sol. Les portes menant à chaque jardin sont ornées de pierres précieuses et des parfums délicats s'en échappent. Les fleurs et les oiseaux y composent un décor propre à l'exaltation des sens et au recueillement. Le son des chants célestes y résonne. Les jardins sont garnis d'arbres rares dont les fruits sont en rubis et les feuilles en lapis-lazuli, et autour desquels évoluent des animaux exotiques et pacifiques. L'un de ces arbres merveilleux, le Gaokerena, produit des fruits blancs qui procurent l'immortalité à ceux qui les consomment et opèrent la résurrection et, bien entendu, dans la Maison des Chants, on en mange à chaque repas. Les fruits d'un autre arbre, le chasse-maux, peuvent soigner toutes les maladies.

En langage persan, le terme ancien « pairiḍaēza », désignant ce type de lieu clos et de jardin propice à la méditation, a donné naissance par la suite au mot Paradis.

LE RITUEL

Les poèmes des Gathas de Zarathoustra, qui forment la partie la plus ancienne de l'*Avesta*, expliquent comment mener une vie juste et ainsi franchir sans encombre le pont de Chinvat et affronter sans crainte le verdict des trois juges. Réciter un Gatha lors d'un rituel de préparation de passage du pont de Chinvat permet donc de purifier l'âme.

Le culte du feu, apparenté au Soleil, est un trait caractéristique et essentiel de la religion zoroastrienne. Il personnifie le démiurge Ahura Mazda. Au temps où fut composé l'*Avesta*, un feu brûlait perpétuellement sur un autel au sein des temples perses. Il devait être entretenu et préservé de toute souillure. Rien ne devait donc être consumé dans ce feu sacré allumé par les prêtres, aucun aliment par exemple ne devait en toucher la lumière, et le laisser s'éteindre était un crime sévèrement puni.

Pour effectuer le rituel de purification des Gathas, nous allons donc tout d'abord allumer plusieurs bougies afin de personnifier la divinité à laquelle nous adresserons notre hymne. Il est préférable de le faire à l'extérieur et de jour, à la lumière du Soleil.

Diverses offrandes, comme de l'huile, du lait, du miel, du riz, du pain, des fruits ou des épices, sont possibles, mais la plus appréciée par Ahura Mazda est celle du jus d'une plante à fleurs jaune, le Hôma, du fait de ses effluves agréables. La plante, une fois broyée dans un mortier, était mélangée avec de l'eau afin d'en obtenir un jus odorant et dont les prêtres buvaient aussi quelques gorgées afin de purifier leur corps et leur esprit. Vous pouvez en remplacement du Hôma utiliser n'importe quelle fleur jaune, qui rappellera ici la lumière de l'astre solaire, l'œil d'Ahura Mazda, par lequel il observera votre rituel. Broyez-la dans de l'eau et déposez le liquide obtenu dans une coupelle que vous placerez à côté des bougies ou du feu.

Il faut ensuite présenter une branche de dattier, on en trouve facilement dans les commerces alimentaires (mais une branche d'un arbre plus courant peut convenir, l'essentiel est ici d'honorer la nature) et la tenir au-dessus des flammes de la main gauche, après s'être soigneusement lavé les mains.

Voici deux Gathas parfaitement adapté au but recherché que vous pouvez à présent réciter. Le premier est un gatha de purification, le second, un hommage à Ahura-Mazda à travers le feu.

Gatha de purification

Béni soit tout homme et femme
Vivant dans la Pureté,
Vivant selon la Justice,
Qui ont vécu autrefois,
Qui vivront dans l'avenir.
Sois bénie, ô Pureté,
Qui répands tes dons sur nous,
Qui protèges, accompagnes
En tout lieu l'âme du Juste,
Rappelant à son esprit
La Vérité pure et simple,
Toi qui offres tes remèdes :
Eaux et plantes salutaires,
Qui fais fuir les adversaires
Du maître et de son foyer !
Béni soit tout instructeur
Nous apportant ses bienfaits
Les trésors de la sagesse !
Béni soit tout vrai disciple
Répandant la Connaissance,
Protégeant tous les chercheurs !
Puissent les plus grands bienfaits,
Les meilleurs de tous les dons
Nous être accordés à tous !
Honneur soit aux Immortels,
Dont nous chantons les louanges,
Que nous servons par nos actes !
Puissent les Sept Immortels
Protéger cette demeure,
Écarter de ce foyer
Tout esprit d'impureté,
Assister de leur puissance
Tous ceux qui sont droits et purs !

Gatha à réciter près de l'autel du feu

C'est toi que nous venons implorer d'abord, ô
Ahura-Mazda,
Par ce culte du feu.
C'est toi, toi esprit très-auguste ! Livre au mal celui qui est une cause de mal pour ce feu.
Je suis plein de dévotion, ô feu d'Ahura-Mazda, afin que tu viennes à moi avec puissance.
Je viens avec la dévotion du plus dévot, avec l'hommage qui se rend au plus digne d'honneur.
Viens vers nous, pour nous faire parvenir à l'acte suprême
Feu, tu es le fils d'Ahura-Mazda, tu es un être céleste.
Tu es le plus saint des feux, toi qui t'appelles Vajista.
Feu d'Ahura-Mazda, nous venons implorer de toi ces faveurs.
Nous venons t'honorer avec un esprit pur, une sainteté parfaite
Par des paroles et des actions sages d'une sainteté parfaite.
Nous te vénérons, ô Ahura-Mazda, nous t'invoquons.
Nous t'implorons par toutes les bonnes pensées, par toutes les paroles saintes, par toutes les bonnes actions qui nous sont possibles.
Nous proclamons ton corps le plus brillant de tous les corps, ô
Ahura.
Nous proclamons ces lumières et la plus élevée des élevées,
Celle qui s'appelle soleil

Le rituel terminé, éteignez les flammes grâce au liquide floral que vous avez préparé. Les effluves odorants monteront ainsi jusqu'à la Maison des chants afin d'y accompagner votre prière.

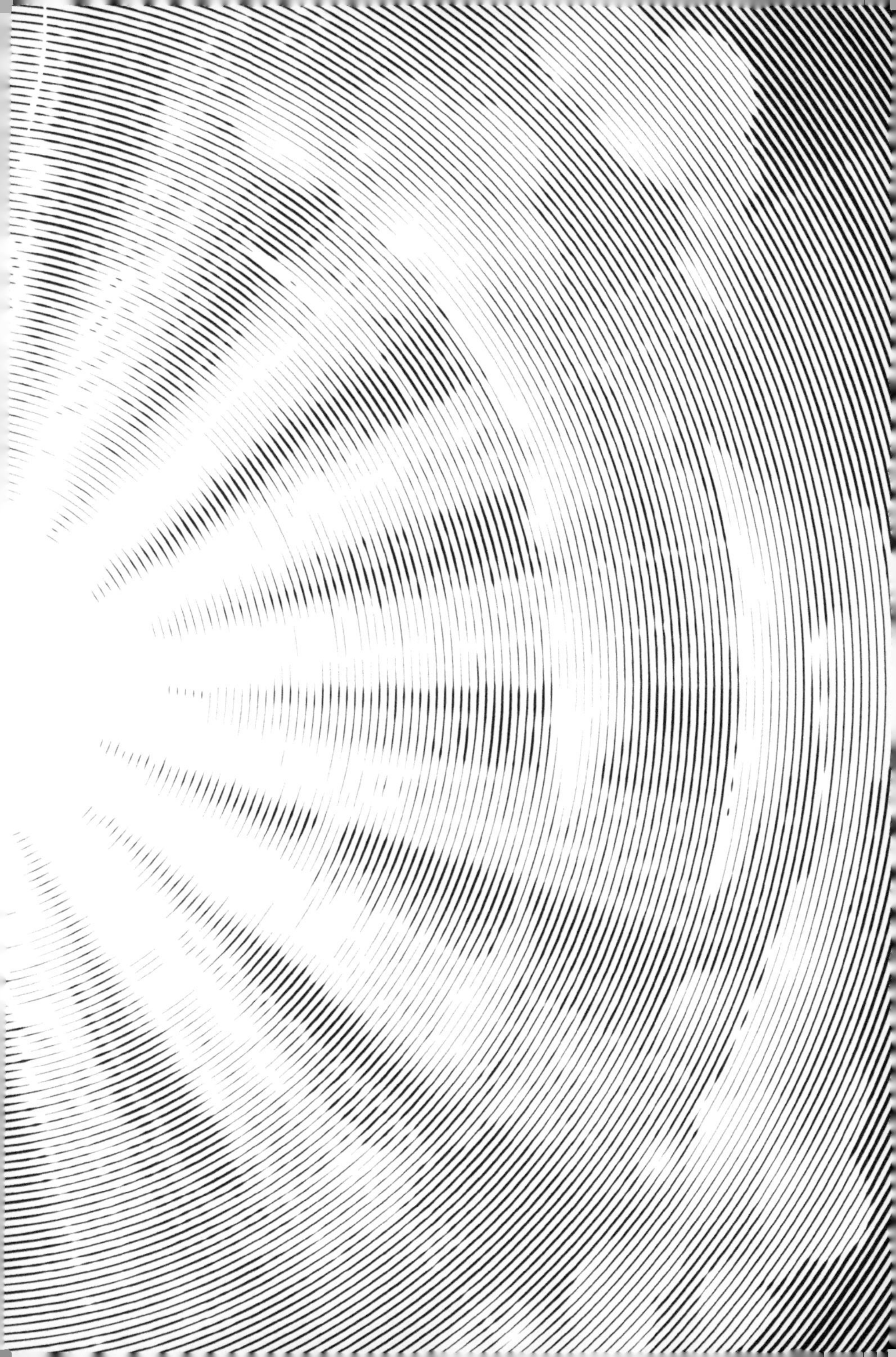

5

Grèce antique : les Champs-Élysées

LA LÉGENDE

Dans la mythologie grecque, la cosmogonie la plus reconnue et la plus populaire est celle décrite dans le texte de *La Théogonie* d'Hésiode, de la fin du VIIIe siècle avant notre ère.

Au début était le Chaos, qui comprenait les éléments primordiaux dans un tout informe et indistinct. Il devint la base du monde actuel. Puis quatre entités en surgirent : Gaïa la Terre, Éros le désir amoureux et la force créatrice, Érèbe les ténèbres des Enfers et Nyx la nuit. Gaïa engendra Ouranos le ciel qui fécondait la Terre avec ses pluies. De leurs étreintes naquirent les douze monstrueux Titans, qui furent ensuite, à l'issue d'une guerre de pouvoir, vaincus et emprisonnés par la seconde génération d'immortels menés par Zeus. Plusieurs races d'humains successives furent créées entre-temps ; celle des héros et celle des humains devenus périssables suite à un incident avec Prométhée. Selon certaines légendes, ce Titan créa les premiers humains à partir d'eau et de terre, puis déroba le feu de l'Olympe pour en faire don à ses protégés. Pour cet acte, il fut puni par Zeus et condamné à être attaché à un rocher sur le mont Caucase et à avoir le foie éternellement dévoré par un aigle. Le feu est un symbole également du savoir et de la connaissance. Puis Zeus, pour punir à leur tour les humains de leur insolence, créa Pandore, la première femme humaine, et lui confia une boîte mystérieuse, lui interdisant de l'ouvrir. Celle-ci contenait tous les maux de l'humanité, notamment la Vieillesse, la Maladie, la Guerre, la Famine, la Misère, la

Folie, le Vice, la Tromperie, la Passion, l'Orgueil, mais aussi l'Espérance. Pandore ne résista pas à la curiosité et ouvrit la boîte, répandant ainsi sur Terre tous les maux. Elle la referma aussitôt, se rendant compte de son erreur, mais il était déjà trop tard. Seule l'Espérance resta enfermée dans la boîte. Les maux se répandirent et les humains connurent la souffrance et mille calamités.

Dès lors, plusieurs mondes vont être susceptibles d'accueillir les âmes des humains dans l'au-delà après leur trépas, en fonction de leurs mérites. Ces mondes sont situés sous Terre, dans un lieu nommé les Enfers. Le dieu Hadès y vit en compagnie de son épouse Perséphone. Les autres dieux résident pour l'éternité dans le ciel dans l'Olympe, même si beaucoup possèdent aussi un domaine sur Terre, comme Poséidon, le maître des océans.

Beaucoup d'humains se retrouvent au Pré de l'Asphodèle, le domaine d'Érèbe, un monde neutre, froid, sombre et sans vie, peuplé d'ombres et de fantômes errant sans but et sans substance. C'est ici que finissent les âmes de ceux qui n'ont rien accompli de leur vie, ni crime ni action vertueuse, ni bien ni mal, ceux donc condamnés à l'oubli définitif.

C'est également dans ce lieu que les esprits vont durant le sommeil, car le sommeil est le frère de la mort. Hypnos, la divinité du sommeil, et Thanatos, la divinité de la mort, y séjournent, habitant respectivement au palais des songes et au palais du sommeil. Ils laissent tous les deux passer les rêves humains par deux portes, l'une de corne pour les songes véridiques, l'autre d'ivoire pour les songes mensongers. On trouve aussi dans cette région des Enfers le palais de la nuit, habité par Nyx.

D'autres âmes, celles qui sont fautives, finissent au Tartare et dans les Champs du châtiment, au plus profond des Enfers d'Hadès, un lieu de réclusion et de supplices réservé aux criminels et à ceux qui ont tenté de s'opposer à Zeus, comme les Titans.

Enfin, les héros et les plus vertueux sont autorisés à entrer dans les Champs-Élysées, nommés aussi la demeure des Bienheureux par le poète Virgile, pour y goûter un repos éternel après avoir néanmoins passé les épreuves des Enfers et affronté le jugement divin.

LE LIEU

Dans les croyances de la Grèce antique et selon différents textes anciens, comme *L'Énéide* de Virgile, *Les Métamorphoses* d'Ovide et *L'Iliade* et *L'Odyssée* d'Homère, le défunt, guidé par Hermès le messager des dieux, doit tout d'abord traverser le fleuve du Styx qui mène sous terre, aux confins du monde, vers la demeure des morts gouverné par Hadès, le frère de Zeus. Le Styx est à la fois le fleuve de la haine et le fleuve qui procure l'invulnérabilité à celui se trempe dans ses eaux. Selon le récit de la Guerre de Troie, le héros mythique Achille y fut trempé à sa naissance, ce qui le rendit invincible, sauf au talon qui avait été oublié lors du bain.

La seule façon de traverser le Styx est de payer une obole au vieux et squelettique passeur Charon pour monter dans sa barque, car personne ne peut se tremper directement dans ces eaux sans une autorisation divine. Ceux qui ne peuvent payer l'obole à Charon, car le rituel du dépôt de la pièce de monnaie sous la langue n'a pas été observé lors des funérailles, sont condamnés à errer sur les rives du Styx durant une période de cent ans. Une fois le fleuve des morts passé, il faut encore traverser l'Achéron, un grand gouffre visqueux aux eaux noires bouillonnantes et empoisonnées conduisant aux portes d'airain des Enfers protégées par Cerbère, le monstrueux chien à trois têtes. Lui offrir un gâteau soporifique au miel et au pavot favorise le passage une fois la créature endormie, mais tout retour en arrière est impossible, sous peine d'être dévoré.

D'autres fleuves existent dans l'au-delà, affluents du Styx et de l'Achéron : le Phlégéthon, le Cocyte et le Léthé. Le premier est constitué de flammes et entoure la prison du Tartare afin d'empêcher les criminels de s'échapper. Le second est formé des larmes versées par les âmes en repentir ou privées de sépulture, qui doivent attendre sur ses rives de comparaître devant les juges des Enfers qui décideront de leur sort. Enfin, le Léthé coule aux Champs Élysées et ses eaux apportent l'oubli et la tranquillité aux élus qui s'en abreuvent.

Puis, après la traversée du Styx et de l'Achéron, le Vestibule des Enfers attend le voyageur, un lieu sinistre empli des spectres de la douleur, du deuil, du remord, de la maladie, de la vieillesse, de la terreur, de la famine, de l'indigence, de la fatigue, de l'épuisement et de la mort. Ici vivent toutes les créatures hideuses de la mythologie : les Centaures à buste humain et corps de cheval, Scylla aux douze pieds et six têtes de chiens au bout de longs cous sinueux de serpents, Briarée le fort aux cent bras, l'Hydre de Lerne le serpent à plusieurs têtes qui repoussent dès qu'elles sont tranchées et aux sifflements horribles, la Chimère moitié lionne moitié chèvre avec la queue d'un serpent et qui crache des flammes, les Gorgones ailées à la chevelure faite de serpents et dont le regard a le pouvoir de pétrifier qui les contemple, les Harpies au corps ailé d'oiseau, aux serres redoutables et à tête de femme, et l'ombre du géant Géryon aux trois têtes. Mais il n'y a aucune frayeur à avoir de ces apparitions, car ce ne sont que des simulacres sans corps et sans vie, des images fantômes qui ne peuvent causer aucun tort, sauf celui de renoncer à avancer vers le cœur des Enfers et la destination finale.

Après cette éprouvante partie du périple souterrain, le défunt doit encore traverser le Champ des pleurs, celui qui renferme les morts prématurés tels les nouveau-nés ou les suicidés, puis la zone des guerriers morts au combat, avant d'être enfin soumis au jugement du tribunal de Minos, Éaque et Rhadamanthe, trois fils de Zeus qui examinent la vie de l'âme qui se présente devant eux et qui décident de son sort en fonction de ses éventuels mérites et accomplissements.

Le monde souterrain est ensuite divisé en trois niveaux dans lesquels sont réparties les âmes après être passées devant ce tribunal divin : Le Pré d'Asphodèle, le Tartare, et les Champs-Élysées.

Ce dernier endroit est le paradis grec, le monde des âmes pures et vertueuses et des héros de la mythologie. La douleur et la vieillesse n'y ont pas leur place, on y vit dans le bonheur pour l'éternité, délivré des besoins terrestres. Ce lieu connaît un éternel printemps sans nuage ni pluie et possède son propre soleil et ses propres étoiles. Le fleuve Léthé y coule tranquillement et son doux murmure fait oublier les maux de la vie. Certaines âmes ont parfois la possibilité de quitter les Champs-Élysées pour se réincarner sur Terre, selon le bon vouloir des dieux. Elles doivent alors boire les eaux du Léthé qui ont la faculté d'effacer la mémoire afin de recommencer une nouvelle vie vierge de tous souvenirs et lavée de toute souillure.

Les élus vivent aux Champs-Élysées dans l'insouciance et l'oisiveté, bénéficiant d'une terre féconde qui livre trois récoltes par an. Les vents portent le parfum des fleurs, des bois de rosiers et de myrtes et le chant du rossignol s'y fait entendre, mêlé au son des lyres. Dans cet endroit, on conserve pour toujours l'âge auquel on a été le plus heureux, sans plus vieillir, sans faiblesse et sans douleur. Les héros de la mythologie content chaque jour leurs exploits lors de banquets somptueux et toutes les ambitions, envies ou viles passions qui agitent les mortels ont disparu pour faire place à la joie, l'opulence et la tranquillité. Les journées sont rythmées par des conversations philosophiques, des théâtres pour les poètes, des chœurs de danse, des concerts, des repas délicieux qui apparaissent spontanément. Chacun a les tempes ceintes d'une bandelette blanche pure comme la neige. La nuit n'y existe plus car Nyx n'y demeure pas. Perséphone, l'épouse d'Hadès, est souvent considérée comme la maîtresse de ces lieux. Étant aussi la déesse du printemps, elle ne demeure que six mois dans l'année aux Enfers, durant les périodes automnale et hivernale sur Terre, puis retourne dans l'Olympe aux côtés des autres dieux, lors du retour de la végétation et de la période des récoltes.

LE RITUEL

Afin de mériter sa place aux Champs-Élysées, des rites et des offrandes régulières aux divinités sont nécessaires. Une vie vertueuse ou héroïque est indispensable, mais honorer les dieux ne peut qu'être bénéfique également. Pour honorer leurs divinités, les Grecs formulaient des prières, chantaient, dansaient et versaient des liquides en offrande sur le sol ou sur un autel, le plus souvent du vin, du lait ou de l'huile d'olive. C'est le rituel de la libation, un rite d'ouverture et de passage, un rite qui écarte le mal et appelle les divinités à se pencher sur le monde des humains et à leur octroyer leurs faveurs. La libation est toujours accompagnée d'une prière ou d'un vœu.

Avant ce rituel, on se purifie avec de l'eau fraîche et on prie debout pour se rapprocher de l'Olympe, mains levées et paumes dirigées vers le ciel. Si c'est une divinité chtonienne (une divinité infernale) qui est invoquée, comme Hadès ou Perséphone, la prière se fera à genoux, mains tendues vers le sol.

Le rituel doit être accompli trois fois par jour, au lever, au dîner et au coucher, accompagné d'offrandes de fleurs, de miel, d'huiles parfumées, et d'un liquide qu'on verse donc sur le sol ou sur un autel, mais qu'on ne consomme pas, car il est réservé aux dieux.

Il est préférable de s'adresser à une divinité en particulier, à celle à laquelle vous êtes directement relié. Pour connaître votre divinité, vous pouvez vous référer à votre signe astrologique puisque la représentation des constellations du zodiaque telle que nous la connaissons nous vient directement des Grecs anciens, et en particulier de l'astronome Ptolémée. Voici votre correspondance divine selon votre signe du zodiaque ainsi que ses caractéristiques et vertus :

- Bélier : Arès, le dieu de la guerre. Vous êtes indomptable, énergique, indépendant et courageux.
- Taureau : Aphrodite, la déesse de l'amour et de la beauté. Vous représentez la force de travail, l'instinct de conservation, la sensualité.
- Gémeaux : Athéna, la déesse de la sagesse et de la victoire militaire. Vous êtes lié à la sagesse, la force, la stratégie, l'intellect, la communication.
- Cancer : Artémis, la déesse de la lune et de la nature sauvage. Vous représentez la sensibilité, la ténacité, la prudence, la tolérance, le romantisme.
- Lion : Apollon, le dieu du soleil, de la lumière, de la musique, de la poésie et de la connaissance. Vous êtes chaleureux, aimant, charismatique, ambitieux, orgueilleux.
- Vierge : Déméter, la déesse de la moisson et de la fertilité. Vous êtes minutieux, sérieux, consciencieux, réservé, sceptique, méthodique.

- Balance : Héra, la déesse des femmes et du mariage, reine de l'Olympe. Vous êtes lié à la spontanéité, la réflexion, l'équilibre, l'harmonie, la diplomatie.
- Scorpion : Hadès, le dieu des Enfers et du monde souterrain. Vous êtes dynamique, résistant, affirmé, énigmatique, dangereux.
- Sagittaire : Zeus, le dieu du ciel et du tonnerre et roi des dieux. Vous êtes indépendant, vif, optimiste, conservateur, sincère.
- Capricorne : Perséphone, la déesse du printemps et du renouveau, reine des Enfers. Vous représentez la patience, la persévérance, la prudence, l'organisation, la fidélité.
- Verseau : Prométhée, le dieu de la prévoyance et de l'humanité. Vous êtes prévoyant, astucieux, rebelle, fraternel, altruiste, aventurier.
- Poissons : Poséidon, le dieu de la mer et des océans. Vous êtes psychique, réceptif, sensible, rêveur, créatif, empathique.

Chaque signe est également relié à un élément :

- Le feu : Bélier / Lion / Sagittaire.
- La terre : Capricorne / Taureau / Vierge.
- L'air : Balance / Verseau / Gémeaux.
- L'eau : Cancer /Scorpion / Poissons.

Il est donc important, selon votre signe et la divinité que vous allez invoquer et dont vous sollicitez les faveurs, de placer une représentation de votre élément sur votre autel d'offrandes, par exemple une bougie pour le feu, une poignée de terre pour la terre, bien entendu, une plume ou de l'encens pour l'air, et un liquide au choix pour l'eau.

À présent, vous pouvez adresser votre prière à haute voix à votre divinité en citant son nom, en demandant son aide pour un objet précis, un vœu, un souhait, une réalisation qui vous tient à cœur. En échange de sa protection, citez les offrandes que vous lui proposez et, enfin, remerciez-la pour sa bienveillance.

6

Monde celtique : le Sidh et le Tír na nÓg

LA LÉGENDE

Dans les différentes mythologies celtiques, qui diffèrent quelque peu selon les peuples gallois, gaulois, bretons, écossais ou irlandais pour ne citer qu'eux, car le monde celtique fut très étendu et les tribus le composant, innombrables, on retrouve certaines similitudes, même si les noms changent parfois. Mais la plus développée nous étant parvenue est la mythologie irlandaise, car elle a échappé à la domination romaine.

L'existence est née de l'œuf cosmique du serpent marin contenant la connaissance du monde, de son essence et de sa structure. La culture celtique ne possède pas vraiment de cosmogonie, les Celtes pensaient que l'Univers se recréait chaque jour. Mais l'œuf cosmique revient dans plusieurs légendes. Celui-ci, venu du néant, s'ouvrit en deux au bout d'une centaine d'années. Une moitié faite d'argent devint la Terre, et l'autre faite d'or devint le ciel. La membrane interne forma les montagnes et la membrane externe les nuages. Le fluide vital devint les rivières, les mers et les océans.

La première entité connue ensuite est la déesse-mère ancestrale et divinité de la nature et de la Lune, Dana. C'est de sa nature unique nourricière et régénératrice que découlent les principales divinités celtes au nombre de treize, nommées « les Tuatha Dé Danann » (« les enfants de la tribu de Dana ») selon le récit irlandais du *Lebor Gabála Érenn*, rédigé à l'époque médiévale d'après d'anciens récits mythologiques transmis oralement de génération en génération. Ces divinités versées dans la magie résidaient dans quatre îles légendaires situées au nord du monde, appelées Falias, Findias, Gorias et Murias, dans lesquelles elles s'exerçaient à l'art, apprenaient la poésie et enseignaient la sagesse.

Ces treize entités sont Lug le dieu de la lumière, Dagda le dieu druide de la magie, Ogme le dieu guerrier, Nuada le dieu roi, Goibniu le dieu forgeron, Credne le dieu bronzier, Luchta le dieu charpentier, Diancecht le dieu médecin, Oengus le dieu de la jeunesse, Brigit la déesse de la poésie, Eithne la déesse de la féminité et reine de l'Irlande, Boann la déesse de la prospérité et des rivières, et Morrigan la déesse de la guerre, de la mort et de la sorcellerie (cette dernière devint Morgane dans les légendes bretonnes).

Chacune de ces îles du nord du monde possédait des talismans merveilleux qui ont servi de base à de nombreuses autres légendes.

La pierre de Fal ou du destin chantait quand un homme digne de régner s'asseyait dessus. Elle symbolisait donc le pouvoir légitime et la souveraineté. Elle servit ensuite dans le monde celte à Tara, la capitale mythique légendaire de l'Irlande, lors du couronnement de nombreux rois.

L'épée de Nuada était l'arme infaillible du roi guerrier des dieux ; elle luisait d'une lumière blanche et pouvait trancher le fer et l'acier. Au moment de frapper l'ennemi, elle se transformait en arc-en-ciel. Pour certains, ce serait cette même épée que l'on retrouve dans la légende du roi Arthur sous le nom d'Excalibur.

La lance de Lug avait le pouvoir magique de frapper sa cible à distance et à coup sûr, et donc de garantir la victoire. Le dieu Lug revient également souvent dans la mythologie celtique comme l'une des principales divinités responsables du lever et du coucher du Soleil, qu'il accompagne dans son chariot céleste à chaque crépuscule lors de son passage entre l'obscurité et la lumière, tout comme il accompagne les âmes humaines élues dans l'au-delà du Sidh en sa qualité de divinité psychopompe. La lance de Lug possédait donc la chaleur du Soleil et devait être plongée dans l'eau la nuit afin de l'empêcher de prendre feu et de brûler entièrement la terre.

Les talismans de Dagda, dieu de la magie, du temps et des druides, qui fut l'un des principaux Tuatha Dé Danann avec Lug, sont la harpe magique (qui a la particularité de connaître toutes les mélodies de musique et de pouvoir les jouer toute seule, mais aussi d'endormir les ennemis), le chaudron d'abondance (symbole de prospérité, de jeunesse éternelle et d'immortalité que certains ont rapproché du Graal dans la légende arthurienne), la massue qui tue et ressuscite (symbole de sa puissance qui peut écraser neuf hommes d'un coup, mais que seul un dieu peut soulever ; les sillons qu'elle laisse sur le sol servent de frontière entre les mondes terrestres et divins) et la roue (symbole de puissance cosmique qui rend sourd celui qui l'entend, aveugle celui qui la voit et tue celui sur qui elle tombe).

Le *Lebor Gabála Érenn* décrit ensuite des conflits qui durèrent plusieurs siècles entre différents peuples mythiques héroïques préhumains et surnaturels, dont font partie les Tuatha Dé

Danann. Ces derniers ne furent pas la première race à fouler le sol irlandais car, avant leur venue, existaient d'autres races antiques, monstrueuses et cruelles, ou encore d'anciennes et obscures divinités vivant dans la mer, comme les Fomorii.

Après de multiples rebondissements et batailles épiques et suite à leur défaite malgré leurs puissants talismans magiques, devant une importante tribu d'humains, les Gaëls, descendants d'un peuple venu d'Espagne qui deviendraient les premiers celtes d'Irlande, d'Écosse et de l'île de Man, les Tuatha Dé Danann se réfugièrent dans le Sidh, un lieu mythique hors du monde, qui devint dès lors la résidence et le séjour permanent des dieux. Chaque divinité y posséde son propre royaume. Le dieu souverain primordial et régisseur du Sidh se nomme Manannan. Il n'appartient pas à la tribu de Dana ; c'est une ancienne puissance marine bienveillante qui régne aussi sur les eaux tumultueuses menant vers l'au-delà.

Pour les Gaulois, le dieu cerf gaulois Cernunnos est le dieu primordial cornu, la divinité de la nature et des forêts, de la fertilité, qui s'unit à la déesse-mère pour engendrer toutes les autres divinités. Son origine remonte à la période mégalithique en faisant l'une des plus anciennes divinités celtiques connues.

LE LIEU

« Tír na nÓg » signifie en gaélique dans la mythologie celtique « la Terre de l'éternelle jeunesse ». Pour les Irlandais, ce lieu se nomme également « Mag Mell », « la Plaine de Joie ». C'est une île mythique, un paradis de plaisir, dont l'emplacement est inconnu des mortels car elle ne fait pas partie du plan terrestre. Ce monde se situe au sein du Sidh, l'au-delà celtique et le séjour des dieux. Pour certains, il se trouve à l'Ouest, aux confins du monde, au-delà de l'horizon de la mer, dans des îles magnifiques. Pour d'autres, on n'y accède que par les profondeurs des mers et des lacs où se situent de somptueux palais de cristal aux entrées mystérieuses. Les entrées du Sidh sont aussi régulièrement situées sous les collines et les tertres sacrés, les cairns mégalithiques. Cet au-delà est décrit dans le mythe de *Oisin et Niamh aux Cheveux d'Or*.

Les défunts ayant mérité leur place dans ce paradis n'y accèdent qu'après un long et dangereux périple en ayant vaincu les gardiens et les ennemis qui s'y opposent.

Ce voyage en dehors des frontières terrestres est toujours guidé par une banshee, créature féminine surnaturelle, messagère de l'au-delà au présage funeste car annonciatrice de mort, pouvant prendre la forme d'un corbeau ou d'un hibou. On repère les banshees par leur hurlement terrifiant signifiant qu'elles viennent chercher un mourant. En gaélique irlandais, le terme les désignant est « bean sidhe », signifiant « femme de l'autre-monde ».

Dans ce lieu mythique qu'est le Tír na nÓg, la mort, la maladie et la vieillesse ont été abolies. Les grandes fêtes et réjouissances y sont perpétuelles, de la musique divine y retentit sans cesse et personne n'y a plus jamais faim ou soif, car il n'est plus nécessaire de se sustenter pour subsister. Le climat n'est ni trop chaud ni trop froid, et les fleurs ne fanent jamais. La paix et la joie y règnent pour l'éternité, la jeunesse et la beauté sont éternelles, car la notion de temps n'y existe pas.

Une fois arrivé à Tír na nÓg, il n'y a pas de retour en arrière possible car le temps n'y a pas d'emprise et se réincarner sur Terre, si cela était envisageable et si les dieux le permettaient, condamnerait la personne à tomber immédiatement en poussière sous le poids des siècles qui se sont écoulés sur notre plan terrestre. C'est ce qui arriva, d'après la légende, à Oisin, un humain autorisé à visiter le Tír na nÓg grâce à Niamh, une princesse immortelle et envoûtante de ce royaume de l'au-delà et fille du dieu Manannan, dont il était tombé amoureux. Mais après trois ans dans ce lieu enchanté, Oisin souhaita le quitter momentanément pour retourner chez lui et revoir ses proches. Il se vit confier dans ce but un cheval magique nommé Enbarr, qui pouvait voler au-dessus des terres et des mers, à la condition de ne jamais mettre pied à terre et de revenir rapidement, conseil qu'il ne suivit malheureusement pas tellement il fut choqué de ne rien reconnaître, ce qui entraîna sa perte car trois cents ans étaient passés sur Terre durant son absence.

Dans la légende bretonne médiévale du roi Arthur et des chevaliers de la table ronde, le Tír na nÓg devient l'île d'Avalon, réservée aux rois et aux héros.

LE RITUEL

La célébration celtique de Samhain, qui a lieu chaque année durant la nuit du 31 octobre au 1er novembre, le jour consacré aux morts, est propice à l'ouverture du Sidh et à la communication avec les esprits des héros et des divinités qui y résident. C'est une fête de transition, qui célèbre le passage d'une année à l'autre, la fin d'un cycle et le début d'un autre pour les Celtes et l'ouverture d'un passage mystique entre les différents mondes. C'est le moment où les vivants et les morts se rapprochent. Elle correspond à présent à Halloween dans les pays anglo-saxons. C'est aussi le début de la période la plus sombre de l'année durant laquelle on se détache du poids du passé et des souvenirs. Les ancêtres reviennent nous dispenser sagesse, conseils et inspiration. Ce sont les druides qui étaient chargés de la célébration des cérémonies religieuses et des rites sacrés.

Nous allons donc procéder au rituel de cérémonie druidique de renouveau de Samhain, qui doit se faire le soir du 31 octobre, et qui nécessite plusieurs ingrédients et objets, comme le gui, le triskell et l'œuf cosmique. Il vous faudra aussi des bougies de couleur rouge et orange, teintes de la nature automnale.

Le gui est la plante sacrée des druides, qui possède des vertus de guérison et de régénération. Il est toujours d'usage de nos jours de s'embrasser sous une branche de gui au Nouvel An afin de se souhaiter bonheur et prospérité.

Le triskell, croix à trois branches, symbolise les mouvements du Soleil, le lever, le zénith et le coucher. Mais il représente également les différentes phases de l'existence humaine, la naissance, la vie et la mort. Son utilisation permet donc d'ouvrir les portes séparant les mondes.

L'œuf cosmique est représenté par l'oursin fossile qui était assez commun à l'époque et utilisé par les druides comme symbole de source de vie. À défaut d'en posséder un, on pourra visualiser simplement une bulle de protection ou tracer un cercle sur le sol, voire utiliser un œuf de poule.

Une fois ces objets disposés autour de vous et après avoir purifié votre corps et votre espace, tracez le cercle de protection au sol, faites-en trois fois le tour par la droite et placez-vous au milieu. Puis prenez plusieurs respirations profondes et faites le vide dans votre esprit. Allumez les bougies et exprimez à voix haute ce que vous souhaitez célébrer, l'âme de vos ancêtres, la Terre et la nature à travers la déesse-mère, la saison qui se termine avant de se renouveler tout comme vos peurs et vos doutes qui s'envolent pour laisser place à la sérénité et l'introspection.

Ces quelques mots pourront guider vos pensées et souhaits :

En cette nuit de Samhain, nous honorons les derniers rayons chauds du soleil et accueillons la saison sombre. Nous honorons nos ancêtres et les remercions d'avoir ouvert la voie et de nous aider à avancer. En cette nuit sacrée où le voile entre les mondes se fait plus fin, nous accueillons l'obscurité comme la lumière afin de guider nos pas dans la saison sombre et de découvrir notre destinée, en cette nuit où les temps passés et futur ne font plus qu'un. Nous rendons hommage aux âmes qui ont quitté le monde terrestre, qu'elles soient libres et puisse accéder au Sidh. Nous rendons hommage aux âmes du monde des esprits, qu'elles soient guidées en cette nuit sombre afin de revenir en ce lieu sacré et se joindre à notre cercle de joie et de lumière. Déesse-mère, ouvrez les portails entre les mondes et permettez aux âmes de nos ancêtres de nous guider à nouveau.

Terminez le rituel en remerciant les ancêtres et les divinités pour leur présence et leur écoute. Puis faites trois fois le tour du cercle de protection vers la gauche cette fois avant de le révoquer ou de l'effacer afin de refermer les portails entre les mondes.

7

Vikings et peuples nordiques : Asgard et le Valhalla

ODHIN

LA LÉGENDE

La mythologie des Vikings et autres peuplades du nord de l'Europe décrit l'origine du monde dans la *Völuspá*, un poème anonyme du Xe siècle tiré du recueil de l'*Edda poétique.*

Au commencement n'existait qu'un abîme béant, le Ginnungagap. Cet abîme si profond que son fond était inconcevable séparait les mondes Niflheim et Muspellheim, respectivement les royaumes du froid et du feu, de l'obscurité et de la lumière, avant la création du monde. La rencontre fortuite de ces deux mondes donna vie à au géant Ymir et à la vache Audhumla. De ses pis jaillissaient quatre fleuves de lait qui nourrissaient Ymir. Ce dernier engendra ensuite la race des géants en prélevant des parties de ses bras et de ses pieds.

Du sel et de la glace que la vache léchait continuellement pour se nourrir naquirent d'autres dieux. Bùri fut le premier, l'ancêtre des dieux, le géniteur. Son fils Bur s'unit avec Bestla, la fille d'un géant. Ensemble, ils donnèrent naissance à une triade de dieux : Odin, Vili et Vé, qui finirent par tuer le géant Ymir. Grâce à ses restes dispersés, ils créèrent le monde terrestre puis séparèrent l'Univers en neuf niveaux cosmiques.

La Terre fut formée avec la chair du géant, la mer, avec son sang, les montagnes, avec ses os, les falaises, avec ses dents, le ciel, avec son crâne, les arbres, avec ses poils, les nuages, avec son cerveau. Puis, avec ses sourcils, ils élevèrent une grande muraille autour de ce monde qu'ils nommèrent « Midgard ».

Ce monde se trouve entre le pays de glace de Niflheim au nord et celui de feu de Muspellheim au sud, et est entouré d'un grand océan infranchissable, demeure du serpent de mer Jörmungandr qui est si grand qu'il encercle le monde entier.

Le premier couple d'humains fut créé à partir de deux troncs d'arbres et placé à Midgard. Odin leur donna le souffle de vie, Vili, l'intelligence et Vé, les sens. Mais les humains ne pouvaient distinguer que leur propre monde, les autres leur étant invisibles et inaccessibles.

En même temps, les dieux créèrent l'arbre cosmique Yggdrasil, qui soutient et abrite les neuf mondes de la mythologie nordique. Il est porté à sa base par les nains, eux-mêmes façonnés à partir de vers trouvés dans la chair d'Ymir. Ses trois racines mènent à la source du chaudron hurlant qui se trouve au Niflheim et qui mêle la lave et la glace, à la fontaine de la sagesse de Mimir qui détient les secrets de l'Univers, et au puits de la destinée gardé par les trois Nornes, des oracles au service des dieux.

Asgard devint la demeure des dieux principaux, les Ases, avec Odin à leur tête, et les autres dieux primordiaux, dont Thor, le dieu du tonnerre. Asgard se situe dans la partie supérieure d'Yggdrasil, avec Vanaheim, le monde des anciennes divinités, Vanes, de la sagesse, de la fertilité et de la magie opposés durant un temps aux Ases, et Alfheim, le monde des Elfes lumineux.

Midgard se trouve au milieu de l'arbre cosmique avec Svartalfheim, le monde des Elfes noirs (ou Nidavellir, le monde des nains selon certaines versions), et Jötunheim, le monde des géants de glace.

Enfin, tout en bas se trouve Helheim, le monde des morts, qui fut confié à la déesse Hel, ou Hela, fille de Loki, le dieu de la tromperie, de la ruse et de la discorde qui, devenu ennemi des autres dieux, provoquera le Ragnarök, la fin des temps. Au même niveau que Helheim dans l'arbre cosmique se trouvent les deux royaumes originaux du feu et de la glace, Muspellheim et Niflheim.

Au sein d'Asgard, la demeure des dieux, se trouve également le Valhalla, qui est le lieu de repos des valeureux guerriers nordiques glorieusement tombés au combat. Ceux qui ont accès au Valhalla y sont menés par les Valkyries et sont invités à festoyer à la table d'Odin dans la grande halle aux six cent quarante portes et aux toits recouverts de boucliers dorés, et à s'entraîner en prévision du Ragnarök, le combat de la fin des temps contre les forces du mal.

Heimdall est le gardien du monde d'Asgard. Sans son accord, personne ne peut franchir le pont arc-en-ciel du Bifröst qui mène depuis Midgard au royaume des dieux. Il est également le dieu de la lumière et de la lune. Il peut voir jusqu'aux confins des neuf mondes à la fois et y entendre une feuille tomber et l'herbe pousser. Il est omniscient et ne dort jamais. Il possède un cor tonitruant qui lui sert à avertir les dieux en cas de danger et un cheval à la crinière d'or qui peut traverser le Bifröst. Il voyagea par trois fois dans le royaume de Midgard, sous l'apparence d'un mortel nommé Ríg, afin d'y engendrer des enfants dans trois classes sociales différentes, qui ont ainsi constitué la base de la société humaine : les esclaves, les hommes libres et les nobles. Chaque année, au moment des célébrations de la fête de Yule lors du solstice d'hiver, il revient visiter ses descendants en tant que père de l'humanité et juger de leurs actes. Ceux qui ont bien agi reçoivent un présent, les autres ne reçoivent que de la cendre.

LE LIEU :

Asgard, le domaine des dieux, fut construit par Odin et ses deux frères, Vili et Vé. Les fortifications furent élevées par le géant Smior qui demanda en échange le Soleil et la Lune ainsi que la déesse de l'amour et de la beauté, Freyja. Mais les dieux se ravisèrent, découvrant là une ruse de Loki, et le géant fut tué par Thor d'un coup de son marteau Mjöllnir.

Le texte épique de la *Gylfaginning*, écrit à partir de 1220 par le poète scandinave Snorri Sturluson, décrit en partie cet endroit ainsi que le Valhalla, le lieu de repos dans l'au-delà réservé aux héros.

Pour arriver à Asgard, il faut donc emprunter le pont arc-en-ciel du Bifröst gardé par Heimdall. Sa propre demeure se nomme « Himinbjorg », le château du ciel, et est située en dehors des murs d'Asgard, à proximité du pont reliant les mondes. Le Bifröst brûle constamment d'un feu ardent pour empêcher les géants de l'emprunter. Il est également inaccessible aux mortels, seuls les héros peuvent l'emprunter avec l'accord d'Heimdall qui en ouvre le passage grâce à son épée, et ils doivent être escortés par les Valkyries, les mythiques femmes guerrières. Et comme Asgard est le point de passage vers le Valhalla pour les mortels, cela réduit considérément les chances de pouvoir y accéder à moins d'avoir accompli des actes héroïques durant son existence terrestre ou d'être mort au combat. Mais encore faut-il avoir été actif durant le combat et avoir décimé nombre d'ennemis, car dans le cas contraire, si le guerrier a simplement été défensif dans le but de protéger sa famille et ses biens et n'a pas participé aux grandes batailles épiques, c'est Freyja qui sera chargée d'accueillir les défunts dans son royaume de Fólkvangr, dont on sait peu de choses à part que cette destination dans l'au-delà est moins glorieuse que le Valhalla, même si elle se situe également à Asgard. Freyja est une ancienne déesse issue des Vanes, mais après le conflit qui opposa ces derniers aux Ases et en signe de trêve, elle fut envoyée à Asgard auprès d'Odin auquel elle enseigna l'art astral. Elle possède un manteau magique de plumes de faucon qui lui permet de se changer en oiseau et de voyager entre les mondes.

Enfin, ceux qui sont morts de manière naturelle ou de maladie sans avoir rien accompli, ce qui s'appelle « la mort de paille », car ils sont morts sur leur lit, sont emmenés au royaume souterrain d'Hel où règne l'oubli. Cette mort est considérée comme honteuse.

La grande plaine d'Asgard comprend douze grandes halles, chacune étant la demeure d'une divinité particulière. Ces temples étincelants sont faits d'or et de métaux précieux et les dieux y festoient en buvant de l'hydromel. Au milieu d'Asgard se trouve l'arbre Glasir aux feuilles d'or rouge. La tour de Vali, recouverte d'un toit en argent, est la demeure d'Odin. Quand le père des dieux s'assoit sur son trône tout en haut de la tour, entouré de ses deux corbeaux et de ses deux loups, il peut voir tous les mondes. Cette tour est l'un des lieux de passage vers le Valhalla. Six cent quarante autres portes gigantesques mènent aussi depuis Asgard vers la grande halle aux toits faits de boucliers d'or et aux murs de lances. Elle est si haute que l'on ne peut en apercevoir le sommet. Cette halle est réservée aux guerriers d'exception, les innombrables Einherjar, qui y vivent sous la protection d'Odin et festoient à sa table, mangent du sanglier et boivent de l'hydromel, l'élixir des dieux qui procure le repos, fait à partir du lait de la chèvre Heidrun qui broute les feuilles de l'arbre Læradr situé sur le toit du Valhalla. Le cerf Eikthyrni se nourrit des mêmes feuilles, et de la rosée qui pointe sur ses bois prennent leur source toutes les rivières des neuf mondes.

Les Einherjar s'entraînent aussi au combat en prévision du Ragnarök, l'ultime bataille de la fin des temps qui opposera les neuf mondes. Ils sont réveillés tous les matins par le chant d'un coq sacré pour se rendre au champ d'Idavoll où se déroulent les combats dans la joie et la fraternité. À la fin de la journée, tous les morts ressuscitent, toutes les blessures guérissent, et tous se retrouvent au banquet d'Odin en compagnie des Valkyries. Le sanglier cosmique tué et cuisiné chaque soir en l'honneur des guerriers reprend vie chaque matin, car les dieux sont soucieux de leurs animaux. Seul Odin ne mange pas et se contente de boire du vin. Il passe son temps à regarder ses guerriers s'entraîner.

Il en sera ainsi jusqu'au Ragnarök, le jour où tous les guerriers du Valhalla sortiront pour combattre par l'une des six cent quarante portes qui peuvent laisser passer chacune huit cents hommes de front.

LE RITUEL

Le rituel de la fête de Yule au solstice d'hiver sert à célébrer le retour d'Heimdall sur Terre et peut-être de s'assurer de son propre passage sur le Bifröst au moment venu. C'est le 21 décembre que Heimdall revient sur Midgard pour voir ses descendants et juger de leurs actes. Il est donc nécessaire de s'attirer ses bonnes faveurs à ce moment précis afin de recevoir la récompense promise. Il semble alors important de faire une liste des actions positives accomplies dans l'année dans le but de la soumettre à Heimdall.

Il vous faut également un jeu de runes en pierre, une couronne de houx, de la sauge, et différentes épices et essences naturelles.

Les senteurs associées à Yule sont la cannelle, le cèdre, la myrrhe, la muscade, le romarin, le thym, le pin et les agrumes. Pour ces derniers, vous pouvez utiliser des tranches séchées d'orange et de citron. Vous pouvez aussi utiliser des encens aux senteurs similaires.

Pour invoquer le gardien du Bifröst et afin de réaliser le rituel de Yule, vous pouvez commencer par décorer un arbre ou une branche avec des runes. Ceci est un hommage au récit mythologique selon lequel Odin a été suspendu à l'Arbre du Monde Yggdrasil durant neuf jours et neuf nuits, le flanc transpercé par sa propre lance, afin d'acquérir à travers le sacrifice la sagesse indispensable à l'exercice du pouvoir, ainsi que la connaissance du savoir occulte secret dont font partie les runes, ces symboles ancestraux ayant le pouvoir mystique d'offrir leur protection, de guérir les maladies, de conquérir l'amour et de prédire l'avenir.

Avant d'utiliser vos runes, vous devez les purifier et les recharger comme tous les minéraux qui possèdent chacun leurs énergies propres et qui s'imprègnent de leur environnement. Pour cela, passez-les au-dessus d'une fumigation de sauge durant quelques minutes. Vous pouvez aussi les exposer quelques heures à la lueur de la Lune, astre représentant Heimdall.

Quatre runes sont directement liées au gardien d'Asgard :

ᚲ Kenaz est la torche qui apporte la lumière et guide à travers l'obscurité. C'est la rune de la magie, de la création, de l'énergie maîtrisée. Elle renforce les aptitudes dans tous les domaines et enseigne le chemin spirituel pour permettre à la lumière intérieure de se révéler en apportant un éclairage nouveau sur différentes facettes de notre existence.

ᚺ Hagalaz est l'orage de grêle qui aide à triompher des épreuves, à surmonter les obstacles. Cette rune symbolise la transformation à travers le passage de l'état solide de grêlon à l'état liquide de l'eau. Elle représente l'inconscient et la pensée et permet de développer la connaissance et l'expérience mystique. C'est la rune du mystère, du changement et de l'événement inattendu.

ᛉ Elhaz est le bois d'élan qui prodigue sa protection, sa défense, tel un bouclier. Cette rune participe à l'éloignement du mal et des ennemis, c'est le gardien qui protège le corps et l'esprit et éloigne les énergies négatives. Elle est aussi le lien qui permet de communiquer avec le monde des dieux et d'approcher le monde des esprits, qui permet de s'élever spirituellement sans craindre de succomber à de mauvaises influences.

ᛞ Dagaz est le symbole de l'infini qui apporte stabilité et équilibre entre les forces opposées, entre la lumière et l'obscurité. Cette rune initie un nouveau départ, un nouveau cycle. Elle symbolise le renouvellement, la régénération, l'éveil intégral dans la confiance, la lucidité et la sérénité. Elle dissipe les angoisses comme l'aube qui dissipe les ténèbres, diffuse des énergies positives et harmonieuses, et annonce un changement bénéfique.

Une fois les runes en place, coiffez-vous de la couronne de houx. Les feuilles persistantes du houx en font un symbole d'éternité et de continuité, couramment utilisé dans les pratiques magiques lors du solstice d'hiver.

Faites entrer la lumière dans votre intérieur pour le purifier ou célébrez Yule de jour en plein air au milieu de la nature. Disposez vos offrandes odorantes et allumez vos encens. Vous pouvez alors méditer librement sur les moments passés durant l'année et sur vos réussites. C'est l'instant parfait pour lire à voix haute votre liste d'actions positives afin d'attirer sur vous la bénédiction d'Heimdall. Pour finir, vous pouvez lancer trois runes divinatoires et interpréter leur réponse à la question que vous aurez posée au préalable.

La première rune à droite fait référence à votre situation actuelle, la seconde au milieu vous oblige à vous confronter à vos peurs afin de les dissiper et à réfléchir à la position dans laquelle vous vous trouvez, en enfin la troisième à gauche vous donne des indices pour comprendre de quelle manière agir.

Pour comprendre la symbolique des runes, vous pouvez vous référer à de nombreux sites sur internet ou des livres tel *Le pouvoir des runes d'Odin* aux éditions Ellébore.

8

Bouddhisme : le nirvana et Dewachen

LA LÉGENDE

Il existe différentes formes de bouddhisme, mais nous observons beaucoup de similarités entre elles.

Le Bouddha primordial, de son nom humain Siddhartha Gautama, vécut au VIe siècle avant notre ère d'après les textes sacrés. Bouddha signifie « celui qui est éveillé », donc qui a reçu l'illumination et qui a compris la véritable essence de la réalité.

Jeune prince de naissance, protégé des vicissitudes de la misère humaine par les remparts de son palais, il échappa un jour à la surveillance de ses gardiens et s'aventura en ville. Tout d'abord émerveillé par ce qu'il découvrait, il fut cependant rapidement confronté à la maladie, à la souffrance et à la mort. Horrifié de ce constat, il rejeta alors sa condition de privilégié pour embrasser une vie d'ermite renonçant aux plaisirs de la vie et aux désirs qu'ils suscitent. Pratiquant l'abstinence et le jeûne, il s'assit sous un arbre et fit le vœu de ne pas en bouger avant d'avoir atteint la vérité ultime. Mara, le démon de la mort et de la passion, tenta de perturber sa méditation par tous les moyens, sans résultat. Siddhartha Gautama repoussa les assauts infernaux en toute sérénité, simplement en effleurant la terre du bout des doigts afin de la prendre à témoin de son détachement profond. La terre trembla en signe d'acquiescement et il sortit de sa méditation en comprenant ceci : seule la voie du milieu, celle entre les extrêmes, permet de trouver l'illumination. Il accéda alors à l'éveil, soit la compréhension totale de la nature, des causes de la souffrance humaine et des étapes nécessaires à son élimination, clé du Nirvana.

Le bouddhisme, donc, proclame que l'homme vit dans la souffrance à cause des désirs innombrables qui le laissent insatisfait, et que, pour supporter le fardeau de l'existence, il faut renoncer aux plaisirs terrestres et tendre vers le détachement complet de soi. Tant que l'on n'a pas conscience de cela, on continue à se réincarner et à souffrir. C'est cette renonciation des désirs et des émotions perturbatrices qui conduit au Nirvana, c'est-à-dire à l'état divin d'accomplissement final et de libération des passions terrestres, et à la fin des réincarnations dans le monde matériel de la frustration.

LE LIEU

Le Nirvana des bouddhistes n'est pas un lieu géographique, c'est un état d'esprit, c'est le résultat de l'éveil de la conscience, de l'illumination, qui passe par la compassion envers tous les êtres humains et par la renonciation des désirs qui nous emprisonnent dans ce monde et dans différentes réincarnations. Le Nirvana est la pureté ultime spirituelle, loin des besoins matériels de la vie terrestre.

Ce n'est ni la mort ni le paradis, notions qui n'existent pas dans le bouddhisme. C'est un état de méditation et de compréhension ultime que l'on atteint par l'éveil et à travers lequel on perçoit la réalité telle qu'elle est. C'est l'état de pureté dans lequel les défauts ont été éliminés, où nous sommes libérés de nos désirs et de la convoitise des choses matérielles.

Pour y parvenir, le Samsara, le cycle de naissance, mort et réincarnation, doit être brisé. C'est la somme des bonnes et mauvaises actions compilées entre elles au cours des différentes vies, ce qu'on appelle « le karma », qui contribue à nous affranchir de ce cycle sans fin, si ce karma devient parfaitement pur et sans mauvaises pensées. La réincarnation ne sert qu'à rectifier les erreurs des vies précédentes, à accumuler du mérite.

Le *Bardo Thödol*, ou *Livre des Morts tibétains*, décrit les différentes étapes à franchir, épreuves à subir et entités diverses barrant le passage avant de pouvoir accéder au Nirvana. Il est possible en une seule vie et un seul corps de passer d'un niveau à l'autre et d'atteindre ensuite le Nirvana en étant pleinement éveillé. Sinon, le Samsara jouera son rôle et aidera à atteindre la plénitude par la réincarnation, même si le chemin est beaucoup moins rapide et direct. À l'inverse, une suite de mauvais karmas dans le Samsara fera régresser et pourra finalement provoquer une réincarnation dans un niveau inférieur.

Le voyage vers le Nirvana est très long et semé de pièges et d'embûches. Il existe six états mentaux intermédiaires distincts liés à différentes formes d'émotions (les « bardos ») à traverser après la mort physique avant d'atteindre les épreuves menant au Nirvana ou à une réincarnation en fonction des mérites.

Le bardo de la naissance est aussi celui de la réincarnation dans le cycle du Samsara. Il mène au karma de la vie, période englobant les bardos des rêves, de la méditation et du moment précédant la mort où les souvenirs d'une vie ressurgissent. C'est dans ce dernier qu'il faut abandonner tous les regrets afin d'accéder à la lumière de la paix intérieure. Ensuite intervient la désincarnation, l'esprit quitte le corps physique. Il est alors confronté au bardo de la réalité, qui est considéré comme la nature authentique de la vérité révélée, l'essence même de l'existence, c'est-à-dire ce qui se dévoile lorsque l'esprit est parfaitement éclairé et rempli de la sagesse de la compassion et de la félicité. Mais l'esprit, lors de ce cinquième bardo, est encore tenté par des visions des six mondes impurs avant d'atteindre le bardo du devenir. C'est celui qui va décider soit dans lequel des six mondes il va se réincarner en fonction de son karma, soit de son accès au Nirvana et de sa libération si l'illumination a eu lieu.

Les six mondes impurs qu'il faut alors traverser sans céder à leurs tentations et aux émotions négatives qui les caractérisent sont :

- Le monde infernal. C'est un monde de colère et de haine. Nous y sommes entièrement contrôlés par nos émotions et par nos énergies négatives. Les modes de punition en ce lieu sont réellement effrayants. Dans ce monde inférieur, il existe deux types d'enfers, l'un de chaleur et l'autre de glace, possédant huit niveaux chacun. Dans le premier, nous marchons sous un ciel enflammé et traversons des paysages de métal incandescent et des rivières de fer en fusion qui nous carbonisent. Nos sentiments négatifs nous consument. Dans le second enfer, un froid intense nous saisit, nous gelant de l'intérieur, et des flèches de glace nous transpercent. C'est l'autosatisfaction et le sentiment de supériorité qui nous empêchent d'avancer et qui nous paralysent. Il est très difficile de sortir de ce monde sans un guide spirituel pour nous montrer le chemin vers la rédemption et l'illumination.

- Le monde des esprits affamés. C'est le monde du désir intense et de l'avidité. Dans ce monde, nous possédons toutes les richesses que nous souhaitons, mais nous ne sommes jamais rassasiés ni satisfaits. Nous voulons toujours plus et restons frustrés de ne pas savoir quoi. Nous aspirons à quelque chose que nous ne sommes jamais en mesure d'identifier totalement, car ce monde évolue sans cesse, tout comme les désirs humains auxquels nous sommes confrontés dans notre existence.
- Le monde animal. C'est le monde de l'ignorance. Tout y est soigneusement contrôlé, stable, prévu d'avance, sans surprise. C'est un monde sans réflexion lié à l'instinct de survie. L'évolution, la remise en question et le savoir n'y ont pas leur place. C'est probablement le monde le plus difficile à quitter, par manque de conscience de son propre état psychique.
- Le monde humain. C'est le monde des passions, de la ruse, de l'égoïsme et de la traîtrise. Il est basé sur le plaisir personnel et le besoin d'en acquérir toujours plus. Tout n'y est que temporaire et la satisfaction, retirée, destinée à disparaître, à tomber dans l'oubli.
- Le monde des dieux jaloux. C'est le monde de la convoitise. Il représente l'envie de posséder les biens d'autrui, et la jalousie de voir quelqu'un d'autre en bénéficier. Tout n'est

que menace et mensonge dans ce monde, la méfiance et le soupçon sont constants.

- Le monde divin. C'est le monde de l'orgueil. Il peut sembler parfait et proche du Nirvana, mais tout y tourne autour de l'ego, de l'autosatisfaction, sans partage, sans communication, sans transmission de savoir. Ce monde manque cruellement de compassion et d'empathie.

Après l'épreuve des six mondes impurs et avant d'arriver au bardo du devenir, il faut affronter le jugement karmique des divinités paisibles et des divinités terribles.

Les divinités terribles n'acceptent aucun compromis, aucun retour en arrière. Si votre karma est négatif, elles seront impitoyables et inébranlables. Elles décideront de votre sort et du monde dans lequel vous vous réincarnerez en fonction du type de sentiments nuisibles qui vous caractérisent et que vous n'avez pas su vaincre.

Les divinités paisibles nous accueillent dans une luminosité intense et enveloppante et un sentiment de paix infinie et éternelle, d'harmonie. Une union s'établit alors dans une fusion avec l'énergie de l'Univers tout entier et tout devient limpide, la vérité est révélée. Pour cela, le karma doit bien sûr être pur et l'accès au Nirvana est alors autorisé.

Dans les formes particulières et ésotériques, mais très répandues, de bouddhisme que sont le Mahâyâna et le Vajrayâna, il existe pourtant bien un lieu précis où vont les esprits libérés en état de bouddha : le monde de Dewachen, la Terre pure de la félicité et de la béatitude. Mais ce lieu n'existe pas sur un plan terrestre ou céleste. Il fait partie du plan astral, c'est un univers parallèle spirituel en quelque sorte, que l'on ne peut atteindre qu'avec des exercices réguliers de méditation, beaucoup d'entraînement et d'humilité sur soi-même et sa propre condition humaine. Mais certaines pratiques occultes du tantrisme tibétain, et en particulier la récitation incessante de certains mantras magiques, des invocations très puissantes, permettraient d'en favoriser l'accès aux esprits les plus éclairés.

Le Dewachen est un lieu paisible, sans souffrance, où les élus peuvent poursuivre leur perfectionnement spirituel à l'abri des sollicitations et des envies matérielles ou autres émotions perturbatrices. Il est beaucoup plus grand que le nôtre, n'a ni Soleil ni Lune, mais est éclairé en permanence par la lumière bienfaisante provenant du corps de son gardien céleste Amitabha, assis sur un trône de lotus. Le paysage est totalement plat, sans vallées ni montagnes. Sept étages de terrasses entourent sept rangées d'arbres aux branches chargées de pierres précieuses qui tintent sous l'effet de la brise.

Le sol est couvert d'une épaisse couche de gazon dans laquelle les pieds s'enfoncent et dont les brins se redressent immédiatement après votre passage. Des rivières, dont l'eau à la température parfaite apparaît spontanément, parcourent le Dewachen et dans leur lit luisent çà et là des pierres précieuses. Le vent doux et tempéré qui souffle à travers les feuilles des arbres apporte aux oreilles les paroles de sagesse du Bouddha soulignées par le chant d'oiseaux aux couleurs éclatantes. De grandes fleurs de lotus d'une beauté et d'une pureté sublimes s'épanouissent un peu partout, chacune contenant l'essence, le corps éthéré et l'esprit d'un être pur et libéré au karma parfait et équilibré. C'est en effet dans une fleur de lotus que l'on renaît au Dewachen. Les corps de ces êtres dans les lotus sont dorés, brillants et dépourvus d'organes externes et d'orifices. Tous sont en état de contemplation méditative, reliés entre eux par une conscience commune. L'ennui et l'attente n'ont pas leur place ici, là où ne règnent que la félicité et l'illumination spirituelle sans aucun besoin physique ou matériel.

Chacun y est aussi doté de pouvoirs miraculeux qui lui permettent de quitter ce monde à tout moment pour visiter d'autres plans astraux ou retourner sur Terre aider des esprits perdus à trouver leur voie dans le Samsara.

Cependant, il n'existe pas un seul plan astral mais une multitude, comme un multivers. Chacun possède en fait son propre plan astral, son propre Dewachen. Celui-ci est calqué sur nos propres expériences de vie et ne possède donc aucune limite, car il est lié à l'imagination, aux créations de l'esprit. La seule constante est son guide et gardien, Amitabha. Afin d'effectuer cette fonction, Amitabha, malgré son statut d'être parfaitement conscient et éveillé, a renoncé à l'état de Bouddha et donc à l'accès au Nirvana pour devenir un bodhisattva, c'est-à-dire un guide pour les humains en quête de spiritualité. Il demeurera dans cet état tant que tous les êtres humains n'auront pas atteint l'illumination.

LE RITUEL

Nous allons procéder au rituel d'invocation du Bouddha Amitabha afin de renaître dans la Terre pure de la béatitude du Dewachen. Ce rituel permet de solliciter de la part d'Amitabha l'accès à ce lieu mythique parfait dans lequel chacun peut créer sa propre réalité et son propre bonheur.

Avant de pratiquer ce rituel, assurez-vous d'être dans un endroit calme où vous ne serez pas dérangé. Allumez un bâton de votre encens favori ou faites brûler de la sauge pour purifier l'espace. Créez un petit amoncellement de galets ou de pierres que vous pouvez décorer avec des symboles sacrés du bouddhisme et placez au sommet un petit drapeau de prière que vous aurez confectionné au préalable. Il servira à faire fuir les mauvais esprits et à honorer les divinités. Vos offrandes sont destinées au monde astral, elles peuvent donc être mentales. Vous pouvez tout simplement imaginer de l'eau pure dans un bol, de belles fleurs, des fruits appétissants…

Asseyez-vous en tailleur dans la position du lotus et ouvrez la cérémonie en faisant tinter une cloche tibétaine. Vous pouvez aussi utiliser un bol chantant que vous ferez tinter régulièrement.

Puis réalisez un mudra, un geste sacré de la main symbolisant une divinité ou un sentiment. Le mudra des deux mains jointes en coupe, les pouces se touchant, symbolise la méditation et le recueillement. Il représente l'équilibre entre le corps et l'esprit et dissipe la colère. Visualisez mentalement le pays mythique d'Amitabha tel que vous vous le représentez, puis récitez la prière des souhaits pour renaître en Dewachen :

Merveilleux Bouddha de lumière infinie, je vous invoque et demande votre bénédiction.
Vous avez à votre droite le Seigneur de la Grande Compassion, à votre gauche le Bodhisattva aux grands pouvoirs Vajrapani, et vous êtes entouré par une foule illimitée de bouddhas et de bodhisattvas. Le bonheur et le bien-être sont incommensurablement merveilleux en ce domaine paradisiaque que l'on appelle Dewachen.
Au moment de quitter cette vie puissions-nous moi-même et autrui y renaître directement sans devoir subir d'autres existences et y contempler le visage de lumière infinie Amitabha !
Amitabha et vous tous, bouddhas et bodhisattvas des dix directions, accordez votre grâce afin que les vœux que j'ai ainsi formulés s'accomplissent sans obstacles. Om Mani Padme Hum.

Faites sonner à nouveau la cloche pour signifier la fin du rituel et remerciez Amitabha pour son écoute et sa compassion.

9

Hindouisme : le Svarga et le mont Meru

LA LÉGENDE

Les Vedas et la *Bhagavad-Gita*, qui comptent parmi les textes mythologiques et philosophiques les plus anciens d'Inde, sont à la base de la religion principale de ce pays, l'hindouisme. Ils racontent l'histoire de la trinité divine que forment Brahma, Vishnou et Shiva et qui influence le destin de l'humanité. Ce sont les principaux dieux que l'on nomme « les devas » en Inde.

Brahma est le créateur cosmique, le démiurge. Il est traditionnellement représenté avec quatre visages et quatre bras. Vishnou est le dieu protecteur qui maintient l'ordre du monde. Il s'incarne sous différents avatars quand le monde est menacé par le chaos, dont les plus célèbres sont Râma et Krishna.

Shiva est le destructeur qui mènera le monde à sa perte mais qui participera aussi à son renouvellement. Il a les yeux mi-clos, car il les ouvre lors de la création du monde et les ferme pour y mettre fin et amorcer un nouveau cycle. Shiva possède un troisième œil au milieu du front qui lui permet de percevoir l'Univers au-delà de la réalité matérielle.

Un autre dieu, issu de la mythologie védique plus ancienne, fut tout d'abord roi des dieux avant d'être relégué par les hindouistes au rang de dieu du ciel, de l'orage et de la fertilité. Il s'agit de Indra. Mais son rôle dans le panthéon indien demeure très important. Il réside au sommet d'une montagne mythique nommée « le Mont Méru », tout comme les autres divinités primordiales que sont Varuna le dieu des eaux, Agni le dieu du feu, Surya le dieu du Soleil, Vayu le dieu du vent, Soma le dieu de la Lune ou Kubera le dieu des métaux précieux, pour ne citer qu'eux parmi tant d'autres.

Au début des temps, alors qu'il n'existait ni nuit, ni ciel, ni terre, ni temps, juste un océan d'une profondeur insondable au milieu des ténèbres, un deva originel s'éveilla et de ses oreilles jaillirent des impuretés qui devinrent des asuras, des démons. Une montagne se détacha du fond des océans pour flotter à la surface et devenir progressivement la Terre. Les devas, ainsi que leurs ennemis les asuras, étaient mortels. Ils luttaient sans fin les uns contre les autres pour la domination du monde. Affaiblis par des millénaires de combat, les devas demandèrent l'aide de Vishnou, qui leur proposa d'extraire le nectar d'immortalité de la mer de lait en y jetant des herbes magiques et en se servant du sommet d'une montagne retournée pour mélanger le tout. Au bout de mille ans en sortirent plusieurs objets extraordinaires et êtres merveilleux, dont la vache d'abondance qui satisfait tous les besoins, l'arbre du paradis aux subtils parfums, le joyau de la conscience, la Lune, l'arc-en-ciel, la déesse de la beauté et ses nymphes les apsaras. En sortit surtout le nectar d'immortalité qui permit aux devas de vaincre les asuras. Ces derniers furent précipités aux enfers, tandis que les devas s'installèrent au sommet du mythique mont Meru, par-delà lequel se trouvent différentes demeures célestes. Elles sont chacune liées à une divinité primordiale et accessibles aux humains après leur mort sous certaines conditions, en particulier celle d'avoir accompli le Moshka, l'équivalent hindou du passage du Samsara jusqu'au Nirvana chez les bouddhistes. Mais le cycle de réincarnations peut être très long avant d'avoir enfin accès à l'un de ces paradis. Toute faute conduit à une réincarnation sous forme végétale ou animale après la mort et donc à une reprise de cycle complet presque sans fin car il faut dans ce cas cinquante-deux millions de renaissances avant de se réincarner dans une enveloppe humaine.

LE LIEU

Pour les hindouistes, il existe plusieurs paradis associés à différentes divinités : l'Indraloka ou Svarga d'Indra pour le commun des mortels méritants et les héros de guerre, le Kailasa de Shiva pour les plus vertueux et ceux qui sont morts en défendant de grandes causes, le Vaikountha pour les disciples de Vishnou, le Satyaloka pour ceux de Brahma, et le Devaloka, le paradis suprême et la demeure supérieure des dieux hindous. Dans ce dernier monde se trouve une mer dont les eaux magiques rendent la jeunesse et la vitalité à ceux qui s'y baignent. L'accès, en dehors des devas, y est réservé aux saints et aux personnages d'exception.

Il existe en fait pratiquement autant de paradis que de divinités essentielles, ce sont des lieux de lumière et de bonté éternelle.

Pour les humains, le paradis est un lieu de séjour temporaire après la mort, afin de se perfectionner au contact des devas, en attente d'une réincarnation et d'un retour sur Terre. Il ne devient permanent que dans l'état de libération spirituelle, quand l'esprit est finalement en phase avec la lumière et le bien dans l'illumination du Moshka.

Mais en dehors de ce plan d'existence purement spirituel, les devas, qui peuvent exister sur plusieurs niveaux à la fois, ont donc aussi leurs lieux de résidence mythiques situés au sommet du mont Meru, l'axe sacré du monde cosmogonique. Haut de plus d'un million de kilomètres, il est le lien entre les cieux et les enfers, tout autour s'étend le monde connu et visible. Le Soleil, la Lune et toutes les planètes du système solaire tournent autour du mont Meru, autour de ses cinq sommets symbolisant un lotus et de ses quatre faces en cristal, rubis, or et lapis-lazuli. Quand le Soleil passe derrière le mont Meru, il fait nuit sur Terre. Il est entouré de sept océans composés chacun d'un liquide différent : eau salée, jus de canne à sucre, vin, beurre fondu, lait caillé, lait et eau douce.

Il existe sur le mont Meru vingt-six cieux répartis en étages qui sont chacun la demeure d'une divinité précise. Les six premiers niveaux offrent aux élus des réjouissances éternelles, au sein de palais en or. Dans les cieux supérieurs, il est plutôt question de spiritualité pure et de progression dans l'apprentissage des enseignements sacrés. La méditation à l'écoute de la parole des devas y est perpétuelle.

Tout en haut de cette immense structure céleste se trouve la demeure du créateur de l'Univers tout entier, le dieu Brahmâ. Elle est entourée par les cités des huit gardiens de l'espace et l'on y accède par une majestueuse allée couverte d'étoiles. Il y pousse un pommier rose aux fruits gros comme des éléphants.

Le fleuve sacré le Gange y prend sa source puis coule dans les quatre directions de l'Univers, purifiant tous les péchés sur son chemin. À la base du mont vit le serpent géant Vasuki, qui provoque des tremblements de terre lorsqu'il s'étire. Le mont Meru est plus large à son sommet qu'à sa base, tel une fleur de lotus qui s'épanouit.

Le Svarga se trouve au premier niveau céleste du mont Meru. C'est le paradis humain le plus proche du globe terrestre et le plus facilement accessible. Son entrée est gardée par Airavata, l'éléphant blanc gigantesque aux trois têtes et six défenses qui produit les nuages et sert de monture à la divinité Indra. Le Svarga est l'endroit où résident les héros morts sur le champ de bataille et les disciples d'Indra ayant accompli leur Moshka, et où ils peuvent profiter à loisir des spectacles quotidiens offerts par les Gandharvas, des hommes chevaux esprits de la nature, messagers des dieux mais également chanteurs et musiciens de grand talent, et par les Apsaras, des nymphes célestes d'une grande beauté aux danses envoûtantes. D'après la légende, celui qui épouse une Apsara devient immortel. Les Gandharvas sont aussi les gardiens du Soma, un breuvage magique fait à partir d'une plante qui ne pousse que sur le mont Meru et qui a le pouvoir de conférer l'immortalité et de vaincre tous ses ennemis, même les démons et les dragons, à ceux qui en boivent. Soma est aussi le dieu de la Lune qui favorise la croissance des végétaux.

Les chemins qui mènent à la perfection du Svarga sont spacieux et baignés de lumière et de parfums divins. Ils sont bordés d'étangs enchantés où flottent des lotus sacrés, d'arbres majestueux qui procurent ombre et fraîcheur, et le sol est jonché de pétales de fleurs qui tombent abondamment du ciel en permanence. Le regard est sans cesse ébahi devant tant de beauté et, en ces lieux, tous les désirs peuvent être accomplis. Au bout du chemin se trouvent les jardins du Svarga couverts de fleurs d'une innombrable variété et de couleurs multiples tel un arc-en-ciel au sol. Des liqueurs exquises qui aiguisent les sens et procurent de la vitalité y sont servies dans des coupes en or, et les Gandharvas mêlent leurs chants et leurs musiques magnifiques aux danses langoureuses des Apsaras qui provoquent une extase continuelle.

Au milieu du Svarga se trouve le flamboyant palais d'Indra fait d'or et de pierres précieuses. La divinité y demeure, assise sur son éléphant sacré, tenant d'une main l'éclair de foudre Vajra et de l'autre son arc magique qui provoque les arcs-en-ciel. Il possède mille yeux qui voient tout. Indra est entouré de son épouse Shachi, la déesse de la beauté et de la sensualité et de divers personnages divins. Au sein même de son palais se trouvent l'arbre Kalpa dont les savoureux fruits dorés ont le pouvoir de satisfaire tous les désirs humains et la vache des richesses et de l'abondance issue de la mer de lait à l'origine des temps. Mais le Svarga n'est pas un lieu de repos éternel car les élus, à l'issue d'une longue période de bonheur sans limite, sont destinés à la réincarnation sur Terre afin de parfaire leur expérience du cheminement vers le Moshka.

LE RITUEL

Pour atteindre l'un des paradis supérieurs hindouistes, il est donc nécessaire d'avoir eu une vie vertueuse tout au long de ses différentes réincarnations et d'avoir atteint l'illumination du Moshka.

Mais pour avoir accès de son vivant au mont Meru, le domaine des dieux, il existe un rituel secret basé sur d'anciens mandalas, des diagrammes complexes réalisés minutieusement avec différentes poudres colorées. Ce rituel pratiqué depuis des temps immémoriaux par certains initiés s'appelle « le rituel du Kundalini ». Il permet, grâce à des exercices de méditation et en s'aidant des représentations des mandalas, de faire remonter sa propre force vitale le long de la colonne vertébrale tel un serpent jusqu'au sommet de la tête. Se crée alors une goutte de félicité totale qui inonde le corps et qui permet à l'esprit de se dissoudre dans l'Univers en retrouvant l'unité primitive disparue, lien entre les différents niveaux d'existence. Dès lors, tous les mondes, dont celui du mont Meru, sont accessibles à l'esprit ainsi éveillé. Cet exercice permet aussi de nettoyer les chakras, les centres d'énergie vitale, et de les recharger.

Pour effectuer le rituel du Kandala de manière simplifiée, vous pouvez cependant vous passer de mandalas dont l'élaboration est longue et complexe. Il suffit d'imaginer le mont Meru et ses merveilles dans votre esprit lors de cet exercice de méditation transcendantale, d'après les descriptions faites précédemment.

Vous aurez aussi besoin d'un œuf, car leur pouvoir purificateur est reconnu en Inde.

Assurez-vous d'être dans un endroit calme et confortable, mettez une lumière tamisée, allumez un bâton d'encens et tracez un cercle avec du riz ; il vous protégera des esprits négatifs durant votre exercice de méditation. Placez-vous au milieu et asseyez-vous en position du lotus, les jambes repliées en tailleur. Fermez les yeux et méditez un instant sur votre journée, sur vos expériences récentes, en vous concentrant sur votre respiration qui doit se ralentir progressivement. Quand vous inspirez, imaginez l'air que vous respirez comme une lumière blanche qui vous pénètre et vous emplit de la tête aux pieds. Puis expirez longuement, la lumière change alors de couleur car elle est chargée d'ondes négatives que vous expulsez de votre esprit. C'est le moment de vous saisir de l'œuf et de souffler longuement dessus à plusieurs reprises. L'œuf a le pouvoir d'absorber cette énergie négative et de vous en débarrasser. Si vous avez des points de tension physique, faites également rouler délicatement l'œuf dessus afin de ne pas le casser. Visualisez cette mauvaise énergie qui sort de votre corps à chaque expiration. Laissez-la également passer par l'extrémité de vos doigts et secouez les mains pour vous en débarrasser. Sentez l'énergie régénératrice naturelle passer en vous par vos pieds et remonter le long de votre colonne vertébrale. Puis posez vos mains sur votre ventre et redressez le dos afin de la sentir émaner de vous et se diffuser, rayonner petit à petit dans tout votre corps. Vous vous sentez purifié, relaxé et revitalisé. Ce simple rituel de l'œuf vous permettra de vous présenter totalement purifié devant Airavata, l'éléphant sacré qui garde l'accès du Svarga, et de vous en assurer l'accès.

C'est le moment idéal pour vous imaginer le mont Meru, ses palais, ses routes magnifiques, ses odeurs enchanteresses et ses chants divins. Promenez-vous dans ses allées, prenez le temps de flâner, de vous asseoir au bord de l'eau, d'écouter le chant des oiseaux. Imaginez que vous cueillez un fruit et que vous le goûtez. Laissez-vous envahir par toutes ces sensations exquises. Regardez tout autour de vous et imprégniez-vous des sensations que dégage cet endroit et des beautés qu'il recèle. Depuis le sommet du mont Meru, vous pouvez apercevoir le monde entier. Votre esprit est libre de voyager où il le souhaite dans ce monde céleste du Svarga qui baigne dans le calme et la sérénité. Puis petit à petit, réintégrez votre enveloppe corporelle, reprenez pied avec la réalité. Ouvrez les yeux ; vous revenez du paradis. Vous vous sentez bien et vos chakras sont rechargés. N'oubliez pas d'enterrer l'œuf ensuite afin de vous débarrasser définitivement des impuretés qu'il contient à présent.

10

Aborigènes d'Australie : le Tjukurpa

LA LÉGENDE

Le Tjukurpa, qui signifie « Temps du Rêve », est le thème central de la cosmogonie aborigène, qui explique les origines du monde et qui demeure l'une des plus anciennes cultures au monde, remontant à près de cinquante mille ans avant notre ère. Le Tjukurpa précède la création de l'Univers, une période purement spirituelle, une dimension où le temps et la matière n'existent pas.

Dans la mythologie aborigène australienne, et selon les croyances les plus répandues parmi celles des cinq cents tribus autochtones recensées, c'est Baiame, le premier être et esprit créateur, qui a donné sa forme au monde connu en le rêvant, aidé de Nungeena la Mère Nature, de Pundjel l'Architecte de l'Univers, de Yhi la déesse du Soleil et de Bahloo l'esprit de la Lune. Ensemble, ils engendrèrent les premiers ancêtres, les hommes éclairs (ou fourmis vertes selon d'autres légendes), qui jaillirent du gigantesque serpent arc-en-ciel Yurlungur descendu de la traînée sombre de la Voie lactée. Les paysages terrestres furent également façonnés par ce dernier qui est, d'après la légende, responsable de nombreuses autres notions comme celles de la guérison, de la fertilité des sols grâce à la pluie, mais aussi des maladies et de la mort. Le serpent arc-en-ciel habite dans les profondeurs de la Terre, près des sources d'eau qu'il contrôle donc. Il combat la déesse du Soleil qui assèche la Terre, afin de reconstituer les nappes phréatiques grâce à la pluie. Mais il peut aussi provoquer des inondations porteuses de mort et de maladies. D'où cette dualité dans son rôle auprès des humains ; il donne et reprend la vie.

Puis les premiers esprits issus du rêve parcoururent le désert et le bush australien pour transformer l'immatériel en matière. Ils eurent pour mission d'ensemencer la vie sur cette planète alors stérile, et d'organiser le vivant sous la forme d'êtres humains, d'animaux ou de plantes, tout en restant étroitement interdépendants dans leurs créations. Chaque nuit, ils rêvaient de leurs créations et, le jour suivant, celles-ci prenaient vie. C'est leur puissance psychique héritée de Baiame qui créa le monde des origines. Chaque site qu'ils touchèrent et qu'ils franchirent devint alors sacré à travers la route qu'ils empruntèrent en ces temps immémoriaux.

Dans le Temps du Rêve réside donc l'énergie vitale et l'histoire du monde où tout conserve une trace. Chaque événement ayant eu lieu sur Terre y est inscrit et peut être consulté par les chamans. Dans ce plan spirituel, toute vie est égale et interdépendante. Le végétal peut devenir minéral ou animal et l'animal peut devenir humain. C'est pour cela que les ancêtres ont souvent des attributs animaux représentés sous forme de totems. Mais l'humain peut aussi redevenir végétal. Tout est étroitement lié et se produit simultanément. On peut passer d'une existence à une autre en un instant à travers le rêve. Chaque vie est essentielle et a un sens en ce monde. Ainsi, l'équilibre cosmique est préservé. Il existe donc des esprits-ancêtres pour tout représentant du monde animal, végétal et minéral, ou toute manifestation des forces naturelles, tels l'ancêtre-serpent, l'ancêtre-kangourou, l'ancêtre-pluie, l'ancêtre-vent, l'ancêtre graine, l'ancêtre-arbre, etc.

Ce monde du Temps du Rêve n'a peut-être pas d'existence propre, mais c'est pourtant bien l'émergence de l'existence qui a créé ce monde. Et les esprits des ancêtres y vivent depuis l'origine des temps. Ils se sont depuis longtemps retirés du monde réel une fois leurs créations achevées, et le dieu du rêve lui-même vit à présent dans le ciel. En attendant le moment propice à leur retour sur Terre parmi les humains, les ancêtres dirigent les actes et les pensées des créatures terrestres par les présages et le pouvoir de leur esprit depuis les sites sacrés australiens où ils demeurent, et que certaines tribus nomment « les oknanikillas ».

LE LIEU

Pour les Aborigènes australiens, la mort signifie la dispersion des différentes composantes physiques et spirituelles de l'existence humaine. Certaines se dissolvent dans l'environnement naturel en retournant dans la terre sur différents sites sacrés, d'autres subsistent dans un processus de réincarnation et une nouvelle vie terrestre, tandis que les dernières rejoignent l'au-delà du Tjukurpa pour y demeurer. Ces derniers ont tout accompli sur Terre et n'ont plus besoin de se réincarner. Ils montent au ciel pour devenir des planètes ou des constellations.

Ces transmigrations spirituelles sont toutes liées à des rituels précis alliant le chant, l'image et les gestes sacrés et des rencontres avec les Joowaris, les esprits des ancêtres qui résident encore dans les sites sacrés en attendant leur réincarnation et qui continuent d'interagir avec les vivants pour les conseiller.

Les chamans aborigènes voyagent en effet régulièrement dans le Tjukurpa pour s'y entretenir avec les Joowaris et obtenir des réponses sur les problématiques rencontrées par leur peuple, et pouvoir déchiffrer le sens des présages qui leur sont soumis. Le Temps du Rêve existe donc toujours dans une autre dimension spirituelle et peut être atteint par les initiés.

Mais comme l'au-delà se situe dans le monde des rêves, les aborigènes ont érigé de nombreux sites sacrés afin de pouvoir communiquer plus facilement avec les esprits de leurs ancêtres, tel le site d'Uluru/Ayers Rock. C'est sous cette gigantesque colline couleur ocre à la forme si particulière, d'une hauteur avoisinant les trois cent cinquante mètres et couvrant une superficie de près de dix kilomètres, perdue au milieu d'une immensité désertique, que les premiers ancêtres se sont réfugiés, profondément enfouis sous d'immenses blocs de grès, après le premier grand cataclysme de l'histoire du monde, qui fut causé par l'affrontement de deux d'entre eux, à cause du don de la mémoire du Temps du Rêve offert aux humains.

Il n'est pas autorisé aux humains de grimper sur ce site sacré aux pouvoirs si particuliers, ou même d'en prélever des roches. D'après la légende, ceux qui prennent des roches d'Uluru seront maudits et connaîtront de nombreux malheurs. Le fait de chasser à proximité est également prohibé. On ne peut accéder à ce monolithe de son vivant qu'à travers le rêve ou la communication rituelle avec les Joowaris. C'est un lieu de transmission de traditions et d'histoires entre les morts et les vivants. De nombreuses peintures rupestres réalisées sur les parois de grottes et de sites environnants relatent l'histoire des mythes aborigène et de la création du monde.

Beaucoup d'étrangers imprudents ont tenté au fil des siècles l'ascension d'Uluru au péril de leur vie et au mépris des croyances locales, avant l'interdiction en vigueur. Ce n'est en apparence qu'un roc stérile, mais des chutes d'eau claire descendent pourtant parfois en cascade de son sommet. D'après les Aborigènes, le serpent arc-en-ciel séjourne régulièrement dans l'un des bassins naturels de son point culminant. Il est le gardien de l'eau, la ressource la plus précieuse liée à la fertilité et à la vie. C'est de là qu'il commande à la pluie de tomber sur le monde et qu'il alimente régulièrement les bassins du roc. Les fissures et cavernes d'Uluru correspondent aux endroits de la formation rocheuse où Alinga, l'homme lézard et l'un des premiers ancêtres du Temps du Rêve, lança son boomerang.

Les Aborigènes effectuent divers rituels secrets à la base du site d'Uluru, dont celui réservé aux femmes âgées et celui des hommes les plus initiés. Toute photographie y est alors strictement interdite.

Uluru symbolise la relation éternelle entre le passé, le présent et l'avenir, ainsi qu'entre tous les êtres humains. De nombreux esprits ancestraux y ont trouvé leur demeure et guettent le passage à proximité des femmes aborigènes pour pouvoir se réincarner à nouveau sur Terre dans leur enfant à naître. Les nouveau-nés sont en effet tous des réincarnations de Joowaris de l'âge héroïque qui vivent dans un de ces sites sacrés, que ce soit un trou d'eau, un arbre creux, une faille ou une grotte. L'enfant sera alors lié pour la vie à un animal totem, une plante ou un élément naturel représentatif de ce lieu dans lequel le rêve possède un pouvoir sur la réalité.

D'autres sites rocheux du continent australien, tel celui de Darling scarp, représentent également le corps pétrifié de ce serpent titanesque qui, en ondulant sur la croûte terrestre, a créé les lacs et les rivières.

Tous ces endroits sont la preuve matérielle des créations rêvées des premiers ancêtres.

Les Aborigènes dessinent leurs rêves comme une représentation topographique de leur monde. L'art australien possède un caractère rituel et sacré, comme un lien avec le divin, avec le Tjukurpa. Cet art pictural est fait de points, de traits et de ronds, et d'autres formes géométriques représentant des lieux géographiques et des sites sacrés. Par exemple un rond bleu représente un lac gardé par un ancêtre, des pointillés symbolisent un sentier menant vers une autre demeure des esprits du Temps du Rêve. Les ancêtres totémiques ont pris la forme des animaux emblématiques du bush australien. Ainsi l'on peut remarquer sur la représentation symbolisée d'un sentier sacré des empreintes de pattes de varans, d'émeus, de kangourous, d'opossums ou la trace du passage d'un serpent, et donc le chemin qu'ils ont emprunté dans le Temps du Rêve. Cette forme d'art est un moyen d'entrer en communication avec eux et d'accéder à l'au-delà sur un autre plan spirituel, dont ils gardent l'accès. Elle dresse aussi des cartes secrètes des lieux sacrés que seuls les initiés peuvent déchiffrer, et le moyen d'y parvenir.

LE RITUEL

Il existe un rituel ancien permettant de reconnaître ces sites sacrés abritant des Joowaris : le rituel du Walkabout. Il s'agit d'un voyage initiatique pour les jeunes aborigènes qui consiste à déambuler longuement dans les étendues désertiques du bush australien à la recherche des signes laissés par les ancêtres dans un rapport quasi fusionnel avec la nature et le respect et la compréhension de la source commune de tout ce qui compose le vivant, l'énergie vitale du Temps du Rêve. La création ancestrale ne peut être modifiée, car la moindre rupture engendre le chaos. C'est pourquoi tout changement dans cet ordre cosmique est strictement prohibé et que la domestication animale ou la culture des plantes est contraire à la pensée aborigène. Les hommes ne peuvent pas posséder de terres ni d'animaux. Ils vivent donc en nomades et au jour le jour, grâce à la chasse, la pêche et la cueillette. Mais il n'est pas permis de manger son propre animal totem. De toute manière, les ancêtres veillent sur les humains depuis les sites sacrés et pourvoient à leurs besoins en leur envoyant des signes et des présages.

Le serpent arc-en-ciel est étroitement lié au rituel du Walkabout car croiser un serpent sur son chemin est un signe de la Terre-mère indiquant un point d'eau proche, et voir un arc-en-ciel indique la direction de pluies récentes.

Les Aborigènes forment un peuple foncièrement écologique et défenseur de la nature et des forces naturelles qu'ils savent respecter et écouter. Le Walkabout sert à entrer en communication et en relation avec les esprits à travers les moindres signaux que la nature qui nous entoure nous envoie. Tout a une signification et peut être interprété ou assimilé dans le rêve. En effet, les Joowaris peuvent se manifester à nous à travers des indices que nous ne saurons parfois pas comprendre immédiatement, mais que notre inconscient conservera en mémoire et pourra nous permettre d'analyser ultérieurement à travers nos rêves, dans le Tjukurpa. Par exemple ils chargent de leur énergie spirituelle certains objets à proximité du lieu sacré dans lequel ils résident. Ces objets magiques sont les Churingas et leur puissance se transmet par contact et est assimilable par le corps. Il suffit donc d'en posséder un pour acquérir les pouvoirs qui lui ont été conférés par le Joowari. Si l'on comprend à quel totem, animal, végétal, minéral ou élémentaire, est rattaché l'esprit ancestral, on comprendra aussi comment se servir du Churinga et pour quelle fonction l'utiliser. Pour cela, il faut communiquer avec l'ancêtre par le rêve. Ces objets sont toujours d'essence naturelle. Cela peut être une pierre, un morceau de bois, un os, une plume, une plante, une fleur, etc. C'est à vous de le ressentir et de comprendre la force qu'il dégage. Par exemple, les Aborigènes se servent de ces objets chargés d'énergie pour faire pousser l'herbe, pour faire venir le vent ou la pluie, pour chasser les mouches, pour soigner les morsures de serpent, pour faire pousser la barbe, pour soulager les irritations des yeux, pour rendre une femme enceinte et tant d'autres usages qui ne dépendent que des limites de l'imagination. Il est même possible de lier ensemble plusieurs churingas avec de la ficelle ou des fibres végétales tressées afin d'accumuler leurs vertus. Mais ils ne peuvent servir à jeter des sorts, ils n'ont qu'une action bénéfique auprès de leur propriétaire. Le moindre essai à des fins de nuire à autrui leur ferait immédiatement perdre leur puissance.

Pour effectuer un rituel de Walkabout, vous devez vous trouver en pleine nature, de préférence dans un endroit peu fréquenté pour pouvoir vous concentrer pleinement. Faites le vide dans votre esprit et essayez de ressentir l'énergie environnante. Touchez la terre, un arbre, de l'herbe pour entrer en communication avec les messages que les esprits pourraient vous envoyer. Écoutez attentivement, chaque manifestation de la nature peut vous orienter, comme une branche qui craque, le son du vent dans les feuilles d'un arbre, un oiseau qui s'envole, le bourdonnement d'une abeille. Voyez dans quelle direction ces derniers s'élèvent. À quel signe êtes-vous le plus sensible ? C'est sans doute votre totem. Essayez de trouver l'objet qui pourra être rattaché à votre totem et qui deviendra votre Churinga. Il est imprégné de son pouvoir bénéfique. Prenez autant de temps que nécessaire pour communier pleinement avec Mère Nature et vous ressourcer totalement. Conservez votre Churinga sur vous. Le soir, avant de dormir, placez-le à côté de vous, il orientera vos rêves et votre voyage dans le Tjukurpa. Au réveil, dessinez immédiatement ce que vous avez vu ou ressenti à la manière de l'art australien. Représentez les lieux avec des pointillés, des cercles et des lignes pour désigner des emplacements précis, et utilisez des couleurs correspondant aux éléments concernés. Entourez les endroits sur lesquels vous avez perçu le plus d'énergie spirituelle. Une fois le dessin terminé, vous aurez sous les yeux une carte du Temps du Rêve et des sites sacrés que vous avez parcourus grâce à votre expérience physique du Walkabout révélée ensuite par le rituel mystique du rêve.

11

Mexique, mayas et aztèques : les treize cieux

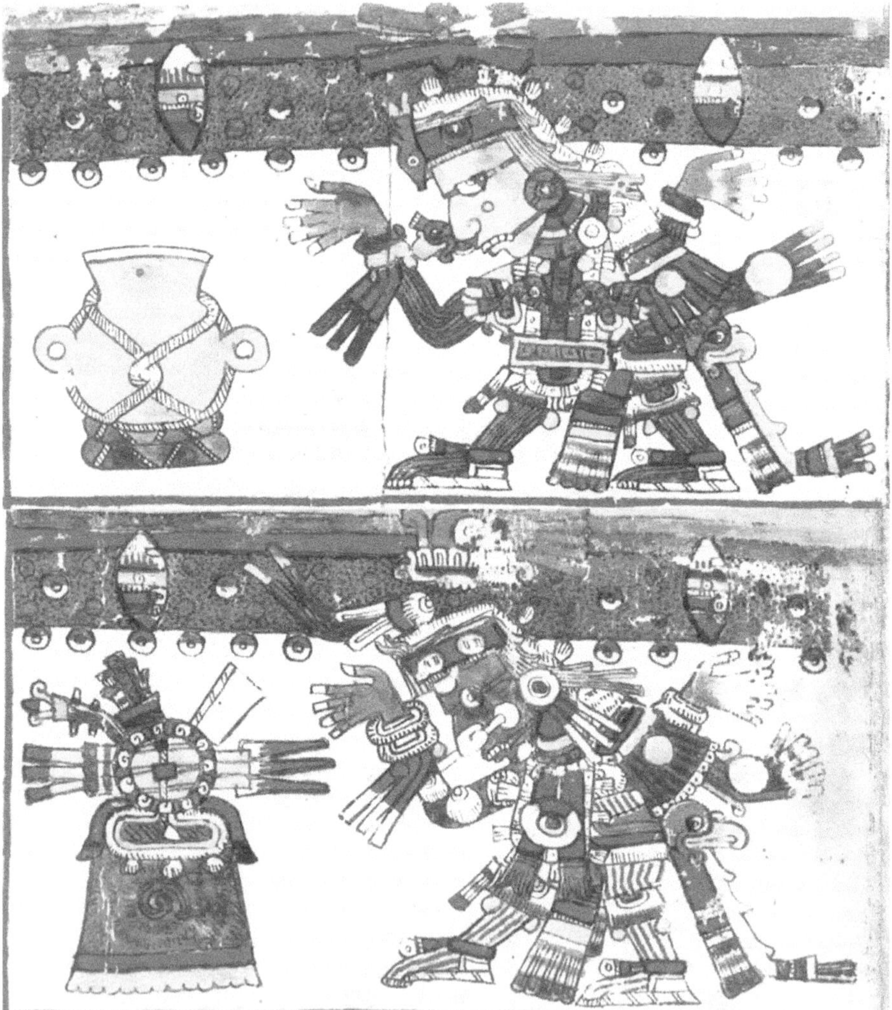

LA LÉGENDE

Le *Popol Vuh* est un texte tardif de 1554, retranscrit après la conquête espagnole, relatant les principaux mythes de la civilisation maya. Il raconte que, avant l'apparition de la Terre, l'Univers était constitué d'un immense océan d'eau douce surmonté d'un ciel vierge, sans étoiles ni soleil. Dans la mer demeuraient les dieux créateurs, Xpiacoc et Xmucane. En dessous se trouvait Xibalba, les ténèbres. Puis les descendants des deux premiers dieux décidèrent de créer le monde depuis ce néant originel, de le rendre matériel et de le peupler de créatures afin d'être adorés. Ces divinités au nombre de sept sont les quatre Bacabs, qui soutiennent les angles de la voûte céleste, Tepeu, l'Ouvrier, Kukulkan, le serpent à plumes et Hurakan, le dieu du vent, de la tempête et du feu. Les sept dieux firent surgir la Terre de la mer et la rendirent habitable en créant la végétation, les sources, les fleuves et les animaux. Les hommes furent les dernières créations divines à apparaître, façonnés tout d'abord à partir de glaise puis de bois. Mais ces premiers hommes s'avérant décevants, les dieux les effacèrent au moyen d'un déluge colossal et en recréèrent une version définitive à partir d'une pâte de maïs et d'os pilés. Le monde des humains fut relié au monde souterrain et au monde céleste par l'arbre de vie, le Yaxche. Cette connexion intime entre les trois mondes fait qu'ils ne peuvent être considérés séparément et qu'ils forment un tout, une unité cosmique qui représentait, pour les Mayas, l'idée d'équilibre parfait de l'Univers, ainsi que le caractère éternel de la vie.

Mais malgré cela, le supramonde n'est pas accessible à tous après la mort, il faut être élu et accepté par les dieux.

Lorsque les rois mouraient, comme ils étaient d'essence divine, ils empruntaient le chemin lié au mouvement cosmique du soleil et tombaient dans le monde inférieur, mais parce qu'ils possédaient des pouvoirs surnaturels, ils renaissaient dans le monde céleste et devenaient des dieux à part entière.

Le Xibalba accueillait aussi chacun leur tour le Soleil et la Lune qui, après leur passage dans les ténèbres, ressurgissaient pour permettre au monde des humains de bénéficier de leur clarté respective.

Cet univers ténébreux était donc un lieu de renaissance pour les élus, qu'ils soient de sang royal ou bien choisis pour honorer les dieux, en particulier par le sacrifice qui permettait à la Terre de se régénérer grâce à l'offrande de sang. Il est représenté dans les codex sacrés par les racines de l'arbre sacré des Mayas qui est la voie à suivre pour quitter les ténèbres de l'inframonde et atteindre la lumière du domaine céleste des dieux nommé « les Treize cieux ».

Pour les Aztèques, qui ont en partie repris les thèmes principaux de la mythologie maya des siècles plus tard en occupant le Mexique, la création du monde s'étale sur une période de plusieurs millénaires nommée « la légende des cinq soleils », chaque période se terminant par un cataclysme et donnant lieu à des affrontements entre divinités, à un nouveau cycle et une nouvelle création. Quetzalcóatl, le serpent à plumes, est l'un des quatre dieux primordiaux à l'origine de la création du monde et de la race humaine. Après avoir tué le gigantesque monstre de la mer Cipactli et avoir créé les trois mondes avec les différentes parties de sa carcasse, Quetzalcóatl décida de récupérer les restes des précédentes créatures façonnées par les autres dieux et détruites par différents cataclysmes afin de créer une nouvelle race humaine et de repeupler la Terre.

Le Xibalba des Mayas devient alors le Mictlan, passage obligé après la mort avant d'accéder à la renaissance, et le monde se sépare également en trois plans distincts : les cieux, la Terre et le royaume des morts. Les cieux, nommés « le Ilhuícatl », sont toujours divisés en treize niveaux où vivent les dieux.

LE LIEU

Pour les Mayas et d'après le texte sacré du *Popol Vuh*, le ciel, ou supramonde, est composé de treize niveaux successifs, chacun possédant sa propre divinité, dont Hunab Ku, démiurge suprême qui gouverne l'Univers ; Itzamna, créateur du ciel, de la nuit et du jour ; Kukulkan, le serpent à plumes, dieu de la résurrection et de la réincarnation ; Chaac, le maître de la pluie et des éclairs ; Kinich Ahau, divinité du Soleil ; et tant d'autres. Au plus haut niveau vit l'oiseau Muan détenant toute la sagesse du monde. Chaque angle du ciel, car pour les Mayas, la Terre est plate et carrée, est soutenu par quatre divinités appelées les Bacabs, liées à un point cardinal et une couleur. Les humains bons et vertueux y mènent une vie paisible et sans tourments après leur mort, mangent une nourriture délicieuse, bercés par de la musique et rafraîchis par une légère brise.

Les Treize cieux sont reliés aux deux autres mondes, le monde des humains et le monde souterrain de la nuit ou inframonde, par l'Arbre de vie. Ses racines plongent au plus profond de la Terre jusqu'au Xibalba, demeure de Ah Puch. Son tronc puissant s'élève depuis cet endroit et traverse la Terre pour relier le ciel habité par Hunab Ku dans son niveau le plus élevé. L'Arbre de vie représente donc le chemin à suivre pour quitter les ténèbres et atteindre la lumière de la connaissance et de la vie éternelle. Il est un moyen de communication entre les trois mondes.

L'inframonde est le lieu de passage obligé de tous les défunts. Mais les Mayas voyaient l'Univers à travers un cycle de fins et de renaissances ; la mort n'était donc pour eux qu'un passage vers un autre niveau de conscience. Ce voyage dans l'au-delà suivait la course du Soleil qui disparaît chaque soir dans le monde souterrain de l'obscurité pour ensuite renaître au petit matin dans les cieux dans un cycle sans fin.

Le *Popol Vuh* maya ne donne pas de description précise du monde céleste, mais heureusement, des siècles plus tard, les Aztèques ont repris dans leur mythologie le concept des Treize cieux en changeant les noms des divinités et en décrivant plus précisément ces lieux, demeure de dieux tels Tezcatlipoca, Huitzilopochtli, ou Quetzalcoatl, le serpent à plume équivalent du Kukulkan maya.

Les Treize cieux se composent ainsi :

❶ Metztitlán : ce premier niveau est le séjour de Tecciztecatl et Metzli, les incarnations divines masculine et féminine de la Lune, de Tlazolteotl, la déesse de la purification et des sages-femmes, de Tlaloc, le dieu de la pluie et de la foudre, et d'Ehecatl, le dieu du vent. C'est aussi là qu'évoluent les nuages que Tlaloc perce pour créer la pluie et sur lesquels Ehecatl souffle pour engendrer le vent.

❷ Citlalcuauhco : il est habité par Citlalicue et Citlaltonac, les divinités des constellations et des étoiles de la Voie lactée, et par de nombreuses autres créatures, comme les Tzitzimime, des démons stellaires qui se manifestent en particulier lors des éclipses tant redoutées par les Aztèques, car elles perturbent la course du Soleil.

❸ Tonatiuhtlan : c'est la résidence occidentale de Tonatiuh, le dieu Soleil, depuis laquelle il se couche à l'ouest avant de pénétrer dans le Mictlan, le monde des morts, durant la nuit. C'est aussi le paradis des « oiseaux précieux », c'est-à-dire des morts dits honorables, en particulier les guerriers sacrifiés ou morts au combat, qui reviennent sur terre quatre ans plus tard réincarnés en colibri. C'est également le lieu de repos des femmes mortes en couche. Chaque matin, elles saluent le lever du Soleil par des chants, des danses et des cris d'allégresse.

❹ Huitztlan : c'est le domaine des dieux jumeaux Tlahuizcalpantecuhtli, l'étoile du matin, et Xolotl, l'étoile du soir. C'est depuis ce niveau que les deux divinités accompagnent le lever et le coucher du Soleil.

5 Mamalcuauhco : c'est l'emplacement des astres mobiles, comme les comètes et les étoiles filantes, dont Citlalmina est la déesse et Citlalinpopoca le dieu.

6 Yayauhcuauhco : ici demeure Tezcatlipoca, dieu de la providence, du temps, de la mémoire et des ténèbres, et de cet endroit émane la nuit pour s'étendre vers les quatre points cardinaux.

7 Xoxocuauhco : ce niveau est nommé « bleu azur » car c'est ici que le Soleil se montre à l'aube. C'est la demeure de Huitzilopochtli, le dieu guerrier protecteur des Aztèques.

8 Nanatzcaloyan : c'est le domaine céleste du dieu de la mort et de l'inframonde, Mictlantecuhtli, et de son épouse, Mictecacihuatl, lorsqu'ils ne sont pas dans leur royaume souterrain. C'est aussi le lieu de naissance des tempêtes et autres cataclysmes.

9 Teoiztacuauhco : ici se trouve la résidence régulière de Quetzalcóatl, le serpent à plumes, dieu de la vie, de la sagesse et des connaissances. Quetzalcóatl habite aussi au douzième niveau avec ses homologues créateurs, mais son importance primordiale dans la mythologie aztèque lui a accordé une seconde demeure plus personnelle. C'est aussi le lieu où se trouvent les quatre vents, un pour chaque point cardinal.

10 Teocozauhcuauhco : c'est le domaine oriental du dieu Soleil, Tonatiuh, en mouvement dans la journée. C'est là

qu'il vient résider depuis l'Est, après son voyage nocturne dans le royaume des morts.

11 Teotlacuauhco : c'est la demeure de Xiuhtecuhtli, le dieu du feu et du temps, et de Xantico, la déesse de l'âtre et du foyer, maîtresse des volcans, ainsi que de toutes les divinités mineures du feu.

12 Teteocan : c'est ici que résident les quatre dieux créateurs, Tezcatlipoca, Xipe Totec, Quetzalcóatl et Huitzilopochtli. Le temps n'a pas d'emprise sur ce lieu d'éternité, les dieux primordiaux y naissent, se transforment à volonté et y renaissent.

13 Omeyocan : c'est le plus haut niveau, habité uniquement par Ometeotl, le dieu créateur suprême, sous la forme de ses deux essences masculine et féminine, Ometecuhtli et Omecihuatl. C'était le seul lieu qui existait à l'origine du monde.

Enfin, il existe un autre au-delà en dehors des Treize cieux, le Tlalocan, royaume paradisiaque du dieu de la pluie, Tlaloc, qui se trouve sur la Lune. C'est ici que se retrouvent les morts noyés ou foudroyés. Ce sont les seules morts naturelles qui échappent à l'inframonde.

Pour toutes les autres personnes décédées de mort naturelle, de vieillesse ou d'une maladie commune, la destination obligatoire est en effet le Mictlan. Les défunts doivent y subir, quatre années durant, de nombreuses et redoutables épreuves symboliques et expiatoires avant la libération de leur âme et leur renaissance spirituelle.

LE RITUEL

De nos jours, au Mexique, les descendants des Mayas et des Aztèques ont conservé un lien très important avec leurs ancêtres à travers les trois mondes et, chaque année, le 1er novembre, ils célèbrent le jour des morts, la *Santa Muerte*, dans une grande fête joyeuse. Les frontières entre les mondes s'estompent alors pour une nuit durant laquelle l'esprit des morts revient sur Terre sous forme de papillons monarques, symbole de leur envol spirituel et du chemin initiatique entrepris dans l'au-delà. Ce chemin assure l'immortalité de l'âme. Ils repartent aux Treize cieux à l'aube avec l'apparition du dieu soleil qui les emmène pour un nouveau voyage vers l'éternité.

Afin de procéder au rituel de la fête de la *Santa Muerte*, il vous faut des bougies, de l'encens, des offrandes de fleurs et de fruits, des épis de maïs, des boissons à base de cacao et des pétards qui serviront à guider les âmes des morts pour qu'ils puissent retrouver leurs proches durant cette unique nuit de l'année.

Les *papeles picados* et les *calaveras* sont aussi largement utilisés lors de cette célébration. Les premiers sont des ornements en papier finement découpé aux motifs géométriques, comme de la dentelle, et peints de couleurs vives. Les *calaveras* sont des figurines de squelettes ou des représentations emblématiques de têtes de morts en papier mâché ou en sucre qui symbolisent les défunts et auxquelles on peut s'adresser. Vous pouvez aussi utiliser quelques pierres du Mexique dont les Mayas et les Aztèques se servaient fréquemment lors de leurs anciens rites à cause de leurs propriétés particulières, telles le jade vert, l'obsidienne noire et l'azurite bleue.

Le jade vert est lié au pouvoir spirituel, c'est une pierre de méditation et de sérénité qui nous amène vers nos niveaux de conscience les plus secrets. L'obsidienne noire, qui était utilisée pour fabriquer les couteaux sacrificiels, est reliée aux profondeurs de la Terre, par sa nature volcanique, et à l'inframonde. Elle favorise le contact avec l'au-delà tout en procurant une protection efficace contre les énergies négatives. L'azurite bleue, dont la couleur profonde évoque le ciel nocturne, sert à établir la connexion avec les divinités célestes et les esprits de la nuit. Elle symbolise l'envol spirituel et la libération des contraintes terrestres.

Grâce à ce rituel de la *Santa Muerte*, la renaissance peut avoir lieu dans un nouveau cycle et l'on peut rester en communication avec les ancêtres afin de continuer à bénéficier de leur sagesse et de leurs conseils.

Placez toutes vos offrandes sur un autel recouvert d'un tissu coloré, car c'est un moment de joie et de partage pendant lequel les trois mondes peuvent communiquer entre eux. Brûlez quelques herbes aromatiques au-dessus de la flamme d'une bougie afin de purifier les lieux. Placez quatre bougies aux points cardinaux afin d'honorer les Bacabs qui supportent la voûte céleste. Chaque bougie doit être d'une couleur différente, correspondant aux couleurs des points cardinaux : est, rouge ; ouest, noire ; nord, blanche ; sud, jaune. Rajoutez enfin une cinquième bougie pour le centre de couleur bleue ou verte. Présentez à tour de rôle chaque offrande et placez-les dans les effluves d'encens pour attirer l'attention des divinités.

Puis allumez et jetez les pétards pour appeler les âmes des défunts. Écrivez un message sur une feuille de papier exprimant ce que vous n'aviez peut-être pas dit à la personne concernée de son vivant et lisez-le à voix haute. Brûlez ensuite ce papier afin que la fumée se mélange aux effluves d'encens et que le message monte ainsi jusqu'au monde céleste. Vous pouvez aussi entonner un chant que le disparu appréciait particulièrement. Et peut-être verrez-vous alors un papillon traverser le ciel devant vous ou un autre signe de l'au-delà. En établissant ce lien unique et privilégié en toute intimité, vous vous aiderez certainement aussi à surmonter votre deuil, à vous libérer d'un poids et à lâcher prise en acceptant le passé et en vous tournant vers l'avenir. Après leur visite dans le monde des humains, les esprits retourneront aux Treize cieux.

12

Pérou et incas : le Hanan Pacha

LA LÉGENDE

Le récit inca de la création est connu, en l'absence de sources écrites, grâce à l'iconographie des poteries et de l'architecture incas, inspirée de leurs mythes et légendes. La première partie de la légende mythologique concerne la création du monde.

Viracocha est le dieu unique et créateur, le premier et le principal, puisque c'est à lui que l'on doit l'ensemble de la création. Avant lui, l'Univers était sombre. C'était le néant primordial. Tout n'était que tourbillons de fumée qui remplissaient l'Univers. Puis, l'un de ces tourbillons de fumée se condensa pour former la Terre. Mais la Terre était vide, déserte. Seuls existaient l'océan et le lac Titicaca, dont la divinité surgit un jour soudainement. Malgré tout, ces deux étendues d'eau étaient vides et sans vie.

Viracocha commença par faire apparaître le Soleil, auquel il commanda de se lever derrière une roche noire au milieu du lac Titicaca. Il fit de même avec la Lune. Puis, il remplit l'espace d'étoiles pour illuminer le ciel. Ensuite, il créa toute la vie terrestre, animale et végétale, ainsi qu'une première race humaine de géants. Cette dernière n'était cependant pas comme Viracocha l'avait souhaitée, car ces êtres étaient chaotiques et égoïstes, et leur comportement, décevant aux yeux du dieu, ce qui le mit en colère. Il les transforma alors en pierres, créant ainsi les premières montagnes, avant de finalement noyer toute sa création terrestre sous un gigantesque déluge. Puis, il recommença son œuvre, épaulé par un oiseau magique qui voyait le passé, le présent et le futur : le Coraquenque. Cette fois, Viracocha fut satisfait du résultat. Il parcourut alors la Terre pour instruire les humains, avant de disparaître à nouveau dans l'océan et de confier le monde au dieu Soleil Inti, qui engendra de nombreuses autres divinités ; une pour chaque chose.

Inti fit surgir de l'écume du lac Titicaca ses propres enfants, Manco Cápac et son épouse Mama Ocllo. Ceux-ci créèrent la cité de Cuzco à l'emplacement où un sceptre d'or fourni par Inti se planta profondément dans le sol et ils fondèrent son temple du Soleil dont le culte devint obligatoire dans tout le royaume inca.

Le monde fut alors divisé en trois parties :

- Le monde inférieur, ou Uku Pacha, qui désigne le monde souterrain, royaume de l'inconscient et de la mort. C'est le domaine de Supay, le dieu de la mort. C'est là que tout débute ou recommence, et c'est le passage obligé des défunts avant la renaissance spirituelle.
- Le monde du milieu, ou Kay Pacha, qui représente le monde des humains, des animaux, des plantes et de tout ce qui vit sur Terre. C'est également le domaine de Pachamama, la Terre-Mère nourricière et déesse de la fertilité.
- Le monde supérieur, ou Hanan Pacha, qui englobe les astres et les planètes, les étoiles et les constellations, les êtres célestes et les dieux. C'est le domaine des dieux principaux Inti et Mama Quilla, le Soleil et la Lune, ainsi que d'Illapa, dieu des éclairs, de la pluie et de la foudre.

LE LIEU

Le monde supérieur des Incas s'appelle donc le Hanan Pacha. C'est le plan spirituel et divin où les âmes vertueuses sont admises avant de pouvoir bénéficier d'une bonne réincarnation sur Terre. Les montagnes, mais aussi les manifestations naturelles comme le tonnerre, les arcs-en-ciel, la pluie ou la lumière sont des passerelles mystiques qui connectent l'Hanan Pacha au Kay Pacha, le monde des humains. Cuichu, le dieu des arc-en-ciels, est le gardien de la voie qui mène dans ce royaume divin.

La Voie lactée est aussi une passerelle entre le monde des vivants et celui des êtres divins. C'est pourquoi les cités les plus mystiques des Incas, considérées comme des sites religieux et sacrés propices à la communication avec les dieux, étaient situées dans les hauteurs de la Cordillère des Andes, au plus près du ciel et des étoiles, telle la fabuleuse cité du Machu Picchu. L'Hanan Pacha est d'ailleurs symbolisé par un condor, oiseau volant au-dessus des sommets des plus hautes montagnes, et donc au plus près des dieux.

Pour les Incas, il n'existe pas vraiment de lieu de repos éternel après le décès, tout n'est que recommencement. Toute chose vivante doit cheminer jusqu'en bas, au royaume inférieur des divinités de la mort, le Uku Pacha, avant de repasser dans le monde des vivants, puis dans le monde supérieur des esprits, et recommencer le même parcours dans un cycle sans fin dans lequel ces trois mondes sont interconnectés et complémentaires. C'est l'essence même de l'existence : la vie ne peut exister sans la mort, l'une et l'autre ne font que s'alterner dans un cycle éternel.

Les Incas enterraient leurs proches dans la position du fœtus afin de refermer le cycle de la vie en formant un cercle. Ils croyaient que chacun possédait deux âmes ; l'une qui retournait à sa place originelle à travers la réincarnation et qui était intimement liée à la manière dont la personne avait vécu, à ses mérites et à son rang social ; l'autre qui demeurait dans le corps momifié pour veiller sur lui et qui faisait l'objet d'un culte des ancêtres très important et répandu.

Néanmoins, les esprits des morts qui avaient eu une destinée hors du commun sur Terre faisaient un bref passage dans l'Hanan Pacha lors de leur voyage spirituel. Dans ce lieu mystique, ils côtoyaient les astres et les dieux célestes principaux, Inti, Mama Quilla et Illapa. Les divinités leur apparaissaient sous forme de puissantes visions.

Inti est le dieu du Soleil qui maintient l'harmonie cosmique. Source de chaleur et de lumière, il fait perdurer chaque vie et fait croître les cultures. Son visage, surmonté d'un disque d'or, arbore une imposante barbe, symbole des rayons solaires, et son corps est entièrement recouvert d'or, le métal précieux qui le symbolise pleinement. Parfois, il est attaqué par un animal sauvage, un puma ou un serpent, et l'ombre croissante du prédateur approchant provoque des éclipses que seuls les sacrifices et les offrandes peuvent calmer.

Mama Quilla, la très belle épouse d'Inti, est la déesse de la Lune et de la nuit. Elle est aussi la protectrice de l'univers féminin. Son visage, rond comme une pleine Lune, est surmonté d'une couronne en forme de demi-lune. Les étoiles sont ses servantes. Le métal qui la représente et dont elle est vêtue est l'argent. Il est issu de ses larmes qui tombent parfois sur Terre et qui ont aussi donné naissance à Pachamama, la Terre-nourricière et déesse de la fertilité. Un jour, Inti, jaloux de sa splendeur, lui envoya des braises incandescentes en plein visage afin d'atténuer sa lueur et devenir le plus brillant des deux. Depuis, Mama Quilla porte des taches brunes sur son visage, que l'on peut encore distinguer en levant les yeux au ciel la nuit et en admirant la pleine lune.

Llapa est le dieu de la pluie, de la grêle, des orages, des éclairs et de la foudre, et le plus puissant des êtres divins après Inti. Il a l'apparence d'un homme vêtu d'habits brillants, portant un casque dardé d'éclairs, tenant une massue ou une lance dans une main, et une fronde dans l'autre. Pour faire pleuvoir, Illapa brise, d'un jet de pierre effectué avec sa fronde, une immense jarre contenant les eaux puisées dans le fleuve céleste, c'est-à-dire la Voie lactée. Le claquement de son arme provoque le tonnerre, et les pierres qu'il lance se matérialisent sur Terre sous forme de grêlons. La lumière de ses éclairs crée un immense escalier momentané qui relie ciel et terre.

Voici ce que l'on peut contempler dans l'Hanan Pacha, en dehors du spectacle éblouissant de l'Univers tout entier, de la danse quotidienne d'Inti et de Mama Quilla et du balai incessant des étoiles dans le ciel. Ce monde est un endroit empli de félicités pour les humains qui sont dignes d'y pénétrer, mais les dieux sont aussi imprévisibles et leur colère est souvent à craindre. Les côtoyer n'est donc pas sans danger et c'est peut-être la raison pour laquelle ce séjour dans leur domaine céleste n'est que temporaire, en attendant une renaissance dans le Kay Pacha, car le peuple du Soleil a été créé pour honorer ses divinités qui le protègent et le nourrissent en échange.

LE RITUEL

Dans le monde inférieur, tout naît et germe, c'est là que tout débute ou recommence. C'est donc le passage obligé des défunts avant la renaissance spirituelle, qui passe par le monde céleste d'Inti le Soleil et des divinités supérieures. Pour accéder à ce cycle éternel et pouvoir quitter le monde inférieur du Uku Pacha afin d'évoluer vers le Hanan Pacha et la renaissance, il faut pratiquer le rituel de l'Inti Raymi afin d'honorer le dieu du Soleil et de ressentir le lien indéfectible entre tout ce qui existe dans l'Univers et qui maintient sa cohésion. Le culte du Soleil est le pilier de la religion des Incas, Inti étant un dieu à la fois protecteur et bienfaiteur, qui maintient l'harmonie cosmique, fait perdurer chaque vie et fait croître les cultures. Les plus grandes cérémonies lui sont consacrées lors des solstices d'été et d'hiver, afin de fêter son retour ou de l'empêcher de partir.

À l'approche du printemps, et pour célébrer le retour d'Inti à l'aube du jour du solstice après la saison froide, un feu sacré était allumé dans le temple du Soleil à l'aide d'un disque d'or qui réfléchissait les premiers rayons de l'astre, marquant ainsi le début d'un nouveau cycle agricole et d'une nouvelle ère de fertilité pour Pachamama, la Terre-Mère. De nombreuses offrandes lui étaient consacrées et la fête durait plusieurs jours.

À l'inverse, à l'approche de l'hiver et des jours qui raccourcissent, les prêtres attachaient symboliquement à l'aide d'une corde les ultimes projections lumineuses du Soleil sur une pierre sacrée, l'Intihuatana, une pierre rituelle à quatre angles cardinaux surmontée d'une petite tour qui servait de cadran solaire. Le retour du Soleil permet de redonner vie à la nature et aux cultures au printemps suivant.

Les momies des ancêtres étaient également sorties lors des fêtes solaires pour leur rendre hommage. On leur donnait en offrande des boissons et de la nourriture, ainsi que de nouveaux vêtements. Cette période était nommée la « voie des ancêtres » et les Incas croyaient que, à ce moment-là, les âmes des morts se réincarnaient dans le monde terrestre.

Pour pratiquer le rituel de l'Inti Raymi, qui permet en l'honorant de s'attirer les bonnes faveurs du dieu-soleil et d'ouvrir le passage vers l'Hanan Pacha, vous devez vous trouver de jour en pleine nature, dans un endroit calme si possible et ensoleillé. Commencez par vous détendre et vous purifier afin de chasser chaque pensée négative, blocage ou souci du quotidien. Repérez une grande pierre baignée par la chaleur solaire et versez-y de l'eau car la chaleur dégagée par Inti le laisse souvent assoiffé. Tout autour de la pierre, à l'aide d'une branche, tracez des lignes se dirigeant chacune vers un point précis qui vous plaît ou vous attire particulièrement. Ces lignes doivent conduire à l'emplacement d'un site sacré qui vous servira à remercier au passage Pachamama, la Mère-Nature, de vous accueillir dans son domaine. Cet emplacement peut être celui d'un arbre, d'un ruisseau, d'une colline, d'une autre pierre, etc.

Les Incas accordaient une grande importance à ce type de rituels et nommaient les lignes cérémonielles des « ceques », et les sites sacrés les parcourant, des « huacas ». Vous pouvez dès lors déambuler dans vos ceques comme autant de chemins magiques destinés à honorer les dieux et les esprits de la nature. Sur votre pierre principale, déposez des offrandes naturelles que vous trouverez sur place, des feuilles, de la terre, de l'herbe, des fleurs, des plumes, des morceaux de bois, etc. À l'aide des mêmes matériaux, confectionnez des petites figurines fétiches qui représenteront vos ancêtres qui font déjà partie du royaume d'Inti. Placez-les également sur la pierre. Entourez enfin celle-ci à l'aide d'une corde ou d'une ficelle que vous aurez pris soin d'emporter avec vous. Vous pouvez également tresser une corde végétale avec les matériaux mis à votre disposition sur place par la nature. En entourant ainsi la pierre, vous demandez à Inti de demeurer un moment sur Terre, de vous accorder sa bénédiction et de vous autoriser l'accès futur à son royaume céleste.

Vous pourrez alors vous asseoir confortablement afin d'entamer un chant en l'honneur des esprits vous entourant, ou entrer en méditation en laissant votre esprit vagabonder librement à l'écoute des bruits et sons aux alentours et favoriser le transfert d'énergies entre les trois mondes afin d'en abolir les frontières.

Une fois le rituel en l'honneur d'Inti et Pachamama terminé, creusez un trou dans le sol près de votre Intihuatana et déposez-y toutes vos offrandes. Recouvrez-le avec un petit monticule de pierres afin de marquer l'emplacement de votre site sacré vers lequel vous pourrez dorénavant revenir à votre gré pour méditer et honorer le Soleil et les esprits de la nature.

13

Japon et shintoisme : le Takamagahara et le Shinkai

LA LÉGENDE

Dans le shintoïsme japonais et d'après le récit datant de 712 du Kojiki basé sur des légendes populaires, la Terre au commencement était vide et « comme une méduse dans la mer ». Les trois premiers dieux et démiurges, nommés « Kotoamatsukami », apparus au moment de la création de l'Univers, donnèrent forme à ce chaos primordial et organisèrent les mondes du ciel et de la Terre en les séparant. Ils sont originaires des plaines des hauts cieux, le Takamagahara, situé dans la Voie lactée, et sont nés par eux-mêmes hors procréation, de leur propre volonté. Personne ne peut les voir car ils se cachent du monde entier dans leur demeure céleste. Ces trois divinités asexuées se nomment Ameno-minaka-nushi-no-kami, Taka-mi-musubi-no-kami et Kami-musubi-no-kami, respectivement « le Kami maître de l'auguste centre du Ciel », « le haut et auguste Kami merveilleux qui produit » et « le Divin Kami merveilleux qui produit ». Ameno-minaka-nushi-no-kami est l'être originel, le premier à être apparu. Il incarne le début et la fin de toute chose.

Les dieux suivants qu'ils engendrèrent, et qui font partie des sept générations divines, se divisèrent ensuite en deux groupes. Les Amatsukami régnèrent sur les cieux et les Kinutsukami sur la Terre.

Deux divinités primordiales de la dernière génération issues de la Voie lactée, Izanagi et Izanami, ont organisé le monde et ont créé les îles du Japon. Le couple divin a ensuite donné naissance à de nombreux enfants kamis, les divinités de la nature, des arbres, de l'eau et des rivières, du vent, des plaines et des montagnes, du métal et du feu. Mais alors qu'elle donnait naissance à l'esprit du feu, Izanami fut mortellement brûlée et se retira au royaume des morts où son corps se mit à pourrir pour l'éternité, ce qui horrifia Izanagi, venu la rejoindre, qui s'enfuit en l'abandonnant et en scellant l'entrée du royaume des morts. Izanami lui déclara alors que, pour se venger, elle tuerait chaque jour mille créations d'Izanagi. Mais celui-ci répondit qu'il en créerait mille cinq cents en contrepartie, donnant ainsi naissance au cycle terrestre de la vie et de la mort. Izanami, de déesse de la création, devint donc la déesse de la mort. Izanagi et Izanami sont la personnification japonaise du Yin et du Yang, du bien et du mal, de la lumière et de l'obscurité, composantes différentes d'une dualité, opposées et complémentaires.

Izanagi, revenant du monde des morts et des ténèbres, alla se nettoyer dans une source d'eau pure qui devint sacrée. Par ce geste, plusieurs kamis négatifs furent purifiés et des divinités essentielles naquirent des impuretés de ses yeux : Amaterasu, la déesse du soleil, et Tsukuyomi, le dieu lunaire. Une troisième divinité émergea de son nez, Susanoo, le dieu des orages. Izanagi leur donna le monde. Le Soleil Amaterasu illumine à présent le ciel, la Lune Tsukuyomi régit le temps tandis que le vent Susanoo contrôle l'océan.

Chacun d'entre eux fut doté d'un objet magique.

Amaterasu hérita du magatama, la perle de la fécondité, qui abrite aussi l'âme des grands guerriers morts au combat. Le miroir de Yata fut attribué à Tsukuyomi. Il permit, d'après une autre légende, de libérer Amaterasu d'une caverne obscure dans laquelle elle s'était enfermée et donc, quand la déesse y contempla son reflet, de redonner la lumière au monde. Tsukuyomi s'en sert donc encore tous les matins pour laisser sa place dans le ciel à sa sœur divine. Tandis qu'Amaterasu s'admire dans le miroir, l'entrée de la grotte est bloquée jusqu'au soir. Susanno possède quant à lui l'épée mythique Totsuka. Elle appartenait auparavant à Izanagi qui s'en servit pour décapiter le kami du feu responsable de l'exil de son épouse au royaume des morts. Susanno se servit entre autres de Totsuka pour tuer le dragon Yamata-no-Orochi à huit têtes et huit queues et aux yeux rouges comme le sang, dont le corps s'étendait sur huit vallées et huit montagnes, et qui terrorisait une province japonaise en se nourrissant de ses jeunes filles.

Puis Amaterasu envoya son petit-fils divin sur terre afin qu'il y règne sur les humains et engendre une lignée d'empereurs, et elle lui confia cinq grains de riz provenant du Takamagahara. Ceux-ci permirent de transformer le désert terrestre en un monde riche et fertile.

LE LIEU

Dans le shintoïsme japonais, la résidence des dieux célestes immortels se nomme le Takamagahara, c'est-à-dire la haute plaine du paradis. C'est là que demeurent Amaterasu, la déesse du Soleil, et Tsukuyomi, le dieu de la Lune et de la nuit. En sont également issus le couple de démiurges à l'initiative de la création du Japon Izanagi et Izanami, et les trois dieux primordiaux ayant engendré toutes les autres divinités mais qui, une fois leur tâche achevée, se sont cachés aux yeux du monde. Depuis lors, c'est Amaterasu la déesse du Soleil qui dirige le Takamagahara.

Ce lieu est relié à la Terre par le pont Ame-no-ukihashi, le pont céleste flottant représenté par un arc-en-ciel mais invisible aux yeux de ceux qui n'ont pas purifié leur esprit, et gardé par le dieu Sarutahiko □kami, le patron des arts martiaux et en particulier de l'aïkido. Cette divinité à laquelle il ne vaut mieux pas se frotter porte une grande barbe sur un visage vermeil affublé d'un long nez, et est armée d'une lance ornée de pierres précieuses. Un torri se trouve à l'entrée du pont, un portail traditionnel sacré de couleur rouge dont la fonction est de séparer le monde physique du monde spirituel et surnaturel. Le passage sous le torri est réservé aux kamis. C'est depuis ce pont céleste qui relie le Takamagahara au monde des humains qu'Izanagi et Izanami créèrent les îles du Japon en utilisant la lance de Sarutahiko □kami qu'ils plongèrent dans la mer. Les grains de sel qui remontèrent à la surface cristallisèrent pour former une terre.

Mais le domaine céleste du Takamagahara est réservé aux divinités célestes et reste inaccessible au commun des mortels en dehors des empereurs qui sont considérés comme étant d'origine divine.

En dehors de ce plan céleste divin vertical, il existe, sur un plan horizontal, au-delà des frontières connues de la Terre habitée et de l'horizon, un monde parallèle qui est le reflet du nôtre, appelé « Shinkai », et d'où les kamis, les esprits immortels, peuvent émerger à volonté et s'incarner dans un élément naturel tel qu'un arbre, une cascade ou un rocher, et même un animal. Le principe fondateur du shintoïsme, qui signifie « la voie des dieux », est le caractère sacré de la vie et de la nature. Tout ce qui est présent à l'état naturel, des cours d'eau aux montagnes en passant par les astres, possède un esprit divin en tant que kami et constitue un élément indissociable du tout formant l'Univers. Chaque infime trace de vie y est sacrée. Les humains font bien sûr partie de cet ensemble, de cette unité cosmique, et deviennent aussi des kamis de divine essence après leur existence terrestre, rejoignant l'énergie primordiale de la nature en fonction de leurs bénéfices karmiques. On les nomme alors des « Kunitsukamis ». Les kamis sont donc innombrables et, en tant qu'esprits de la nature, prennent les formes les plus diverses, se cachant parfois dans les endroits les plus inattendus. Le paradis shintoïste n'est donc pas un lieu précis, il est tout autour de nous à travers chaque manifestation de l'Univers et chaque phénomène, manifestation et élément de la nature. C'est pour cela qu'il faut absolument honorer ces esprits ancestraux et s'attirer leurs faveurs par des rites spécifiques, car un kami qui n'aura pas été vénéré par celui qui croise sa route se sentira offensé et risquera de poursuivre le fautif pour le tourmenter. En revanche un kami respecté saura guider les fidèles vers leur salut spirituel.

LE RITUEL

Les rituels de purification et d'apaisement des ancêtres sont donc très importants dans le shintoïsme afin d'échapper à la colère divine des kamis. Le rituel du harai est une cérémonie shinto de purification par ablutions et rites de repentance. Il trouve son origine dans la légende du bain d'Izanagi qui, de retour du monde des morts, se purifia dans une source d'eau claire. Le harai est donc l'un des rituels les plus pratiqués par les shintoïstes, car il honore à la fois les dieux et les esprits des ancêtres puisque les deux peuvent être désignés par le terme de kami. Cette célébration a généralement lieu en été lors du festival Matsuri partout au Japon. On implore la protection des divinités comme Amaterasu contre les ravages des typhons sur les habitations et des insectes sur les cultures et on visite les tombes des ancêtres. On fabrique aussi des gohei dédiés aux kamis, c'est-à-dire des bandes de papier pliées en zigzag comme des guirlandes et fixées à des tiges de bambou. Celles-ci sont accrochées au-dessus des maisons et des sanctuaires afin de les purifier. Leur forme en éclair évoque la lumière qui chasse les mauvais esprits.

Pour pratiquer le rituel du harai en hommage aux kamis, il est nécessaire de préparer un gohei, d'avoir une pièce de monnaie quelconque, une clochette et des amulettes shinsatsu. Ces amulettes sont réalisées en papier ou en bois et peuvent prendre la forme souhaitée. Elles servent aussi à repousser les esprits malfaisants lors de l'ouverture des portails entre les mondes, pour ne laisser passer que les kamis. On va alors inviter le kami à se fixer sur ce support matériel durant la cérémonie.

Avant de se présenter devant le kami, il est tout d'abord nécessaire de se purifier longuement et soigneusement le visage et les mains avec de l'eau fraîche et de se rincer la bouche. C'est le rite du misogi, qui se pratique au Japon sous des chutes d'eau.

Puis il faut faire tinter la clochette pour ouvrir le harai, jeter la pièce dans un plan d'eau, s'incliner deux fois, frapper dans ses mains deux fois, s'incliner à nouveau une fois, puis faire un vœu en joignant les mains. Il faut poursuivre en accrochant la guirlande gohei et en installant son amulette shinsatsu devant soi, sur un autel dit « kamidana » sur lequel on disposera diverses offrandes de nourriture (riz, eau, sel et alcool de riz) et de fleurs. C'est le kamidana qui fait entrer les kamis dans la maison et permet de les remercier pour leurs bienfaits. Après l'offrande de nourriture, il faut s'incliner deux fois face au kamidana, remercier les kamis, promettre de continuer ses efforts et de s'améliorer sans cesse dans l'existence, et leur demander de bien vouloir nous guider vers l'au-delà du Shinkai le moment venu. On finit en frappant à nouveau dans ses mains deux fois, et en s'inclinant une dernière fois. Enfin, il faut clore la cérémonie en renvoyant les kamis dans l'au-delà.

14

Amérindiens : le pays des chasses éternelles, le royaume du loup et l'Ungawi

Imp. de Bougeard

LA LÉGENDE

Pour de nombreuses tribus amérindiennes, comme les Cheyennes, les Iroquois ou les Algonquins, le créateur de toutes choses se nomme « le Grand Esprit », « Grand Mystère » ou « Grand Manitou ». Chez les Apaches, il se nomme « Ysun », et chez les Sioux, on le retrouve sous le nom de « Wakanda ».

C'est en tout cas systématiquement une entité abstraite, immatérielle, qui influence tout le règne animal et végétal, tout le vivant, y compris les êtres humains. Les Amérindiens ont développé un profond respect de la vie et de la nature car, pour eux, l'animisme prime et, dans chaque être vivant, chaque manifestation de la nature, mais également dans chaque objet, se trouve une matérialisation du Grand Esprit.

Il existe selon les tribus de nombreuses autres divinités comme celle de la Lune, du Soleil, du ciel, du vent, de la pluie, des éclairs, mais toutes ont été créées par le Grand Esprit ; ce sont des manifestations de sa toute-puissance.

Les cosmogonies ou autres explications du déroulement de la création divine et de l'émergence de la vie sont étrangement absentes de l'histoire des civilisations amérindiennes, peut-être du fait que ces histoires se transmettent depuis des siècles par tradition orale et que la plupart se sont perdues au fil du temps.

Les récits mythologiques sont par contre extrêmement nombreux et différents mais ont tous un point commun : ils font régulièrement intervenir des animaux-totems sacrés comme le corbeau, le coyote, le loup, le lièvre, le bison, la grenouille, l'aigle ou le serpent, ainsi que les astres de notre monde, le Soleil et la Lune. Pour les Navajos par exemple, qui décrivent l'émergence complexe de leur peuple à travers quatre mondes successifs qui se détruisent pour en arriver à un cinquième, la création humaine est due à l'action du dieu Coyote à partir d'épis de maïs.

Mais nous pouvons nous en tenir à la notion assez répandue du Grand Esprit, ou Grand Manitou.

Cette entité combine l'esprit créateur, le mystère de la vie et de l'Univers, et la magie. Elle est souvent associée au culte du Soleil et au concept d'une force spirituelle et sacrée émanant de toute chose. Certaines formes de nuages, les arcs-en-ciel ainsi que les aurores boréales sont des représentations de l'image même du Grand Esprit. S'il est respecté, le Grand Esprit et toutes ses incarnations terrestres spirituelles sont bénéfiques pour les humains. Mais si, à l'inverse, il est traité avec insouciance et irrespect, il peut devenir dangereux et nuisible et provoquer des catastrophes.

Pour les Amérindiens, il existe deux plans distincts, deux dimensions. La première est une dimension terrestre dans laquelle vivent et évoluent tous les êtres créés par le Grand Esprit. La seconde est une dimension spirituelle et invisible, un univers parallèle nommé « l'Ungawi » en langue cherokee. Ce monde divin est éternel, parfait et permanent. C'est là que vit le Grand Esprit. Chaque chose, chaque être vivant, y existe sous une forme parfaite. C'est sa représentation terrestre qui demeure imparfaite. Les oiseaux et autres créatures volantes sont considérés comme des intermédiaires entre les deux mondes. Les chamans s'en servent pour envoyer des messages aux puissances divines.

LE LIEU

Il existe autant de croyances à propos de l'au-delà que de tribus amérindiennes, mais la plupart des Indiens croient qu'un humain possède deux âmes. L'une quitte l'enveloppe corporelle, parfois sous la forme d'une étoile filante, et regagne après la mort l'Ungawi, le monde des esprits du créateur de tout ce qui existe, le Grand Manitou ou Grand Esprit, tandis que l'autre âme reste attachée à la dépouille et au monde terrestre.

Pour les Iroquois et la plupart des tribus d'Amérique du Nord et du Canada, il existe une maison céleste dans une autre dimension nommée « le Royaume du Loup » dans laquelle des gardiens spirituels accueillent les âmes des défunts dans une lumière chaude et apaisante en suivant le chemin de la galaxie le long de la Voie lactée. C'est ce qu'ils appellent « marcher le long des étoiles ». Les innombrables étoiles qui la parcourent sont autant de traces de pas laissées par les esprits de tous ceux qui ont suivi ce chemin depuis des temps immémoriaux. C'est au bout de ce chemin que vit le Grand Esprit. La condition pour accéder à son domaine passe par une existence terrestre marquée par la bonté et la simplicité matérielle. Tandis que l'esprit se détache du corps pour rejoindre le Royaume du loup, l'ombre demeure à côté de la dépouille mortelle, créant ainsi un lien avec les vivants qui viennent rendre hommage à l'être disparu. L'esprit peut à tout moment décider de revenir sur Terre et de s'unir à nouveau à son ombre pour devenir un nouvel être vivant.

Pour les Navajos, la mort entraîne une renaissance et l'esprit se réincarne dans un élément naturel, plante, pierre, arbre, fleur, animal, courant d'air ou cours d'eau. Leur spiritualité est fondée sur le respect total de la nature et sur le fait d'être en harmonie avec elle. Les êtres sacrés, dont le Dieu Coyote et la Femme-Araignée, veillent à ce que l'ordre naturel soit respecté et que l'équilibre entre les forces et les énergies ne soit pas rompu. Toutes les parties de l'Univers sont vivantes et interdépendantes. Spiritualité, santé, harmonie et beauté sont liées dans un cycle sans fin de régénération.

Pour les Sioux, l'esprit de l'au-delà se nomme « Wakan Tanka » ou « Wakanda », source suprême de la sagesse dont le nom signifie « Tout ce qui est saint et mystérieux », et les âmes humaines en sont une manifestation. Il règne sur un ensemble de villages situés aux confins de l'Ouest, en dehors du monde terrestre, dans lesquels tout n'est que joie et profusion. Les esprits des morts y sont accueillis par les ancêtres, les proches et amis disparus.

Mais chaque être humain possède une couleur d'âme différente. Certaines sont sombres et d'autres claires, car ayant mené une vie emplie de bonté et de respect. Seules ces dernières, plus pures, pourront accéder au village des bons dans lequel la vie est agréable et facile. L'on y vit comme sur la Terre, de plaisirs simples, à chasser, fumer du tabac dans des calumets, chanter et danser avec les ancêtres, et veiller le soir devant les tipis et le feu de camp à écouter les histoires contées par les anciens. Le monde du Wakanda est une copie conforme de celui des vivants, mais tout y est disponible en abondance et la maladie n'y existe pas. Pour les autres âmes sombres, le village de leur destination finale sera beaucoup moins accueillant, car ils deviendront des spectres errants.

Pour les Mohawks, le voyage vers l'au-delà des âmes pures se déroule à la fois dans le monde du Soleil et vers le pays des chasses et des pêches éternelles comme pour beaucoup d'autres tribus. Pour les Apaches, l'au-delà n'est qu'une étape tel un purgatoire précédant la réincarnation de l'âme. Celle-ci se rend alors pour un certain temps dans un lieu nommé « le Pays de l'été » avant de réintégrer le monde terrestre et d'imprégner la nature. Pour les Hopis d'Arizona, le Hikwsi, le souffle du défunt, se déplace vers le monde inférieur, l'Underworld, puis revient quelques jours plus tard sous forme de nuages ou de pluie.

Le monde céleste amérindien le plus répandu dans la culture populaire, vers lequel se dirigent les esprits des morts après l'existence terrestre, se nomme donc « le pays des chasses éternelles » auquel mène le chemin des étoiles. Cependant, on note un détail important et constant dans la culture amérindienne ; il faut posséder sa chevelure pour accéder à ce domaine paradisiaque, car c'est en saisissant les esprits des morts par les cheveux que le Grand Esprit les emmène dans son royaume. La technique de la scalpation courante dans les guerres intertribales ou même durant la conquête de l'Ouest par les Occidentaux est donc d'autant plus cruelle car elle interdit l'entrée des esprits au domaine céleste, les condamnant à l'errance éternelle et sans but sur Terre dans des grottes ou des cavités souterraines.

LE RITUEL

Pour les Amérindiens, chaque être vivant est lié à un animal-totem qui lui confère ses pouvoirs et ses caractéristiques. Celui-ci devient alors un guide spirituel et un protecteur lors de l'existence terrestre, mais aussi à son crépuscule, dans le voyage vers le chemin des étoiles. Des sculptures verticales taillées dans un tronc d'arbre sont érigées en souvenir des ancêtres prestigieux. Celles-ci comportent plusieurs animaux-totem liés à l'individu et des rituels et des danses tribales sont effectués autour de sa base afin d'aider l'esprit de l'ancêtre à renouer le lien avec la nature et à reposer en paix.

Les rituels chamaniques servent donc à indiquer la voie vers le chemin des étoiles qui rejoint le pays des chasses éternelles. Pour la plupart des tribus indiennes d'Amérique du Nord, c'est l'ombre qui maintient le lien entre les morts et les vivants et c'est à elle que sont destinées les offrandes. L'âme, dans certaines conditions, peut revenir des villages célestes et, en s'unissant à l'ombre, se réincarner. Le rituel doit donc se tenir dans l'ombre, à l'abri de la lumière. Le chemin des étoiles qui guide les esprits n'est d'ailleurs visible que la nuit.

L'attrape rêve est également un composant important de la spiritualité amérindienne. Fabriqué avec un filet tressé en forme de spirale et maintenu par un cercle de bois, ornés de plumes et de perles, il sert à capter et retenir prisonniers les mauvais esprits qui pourraient tenter de perturber le sommeil de celui au-dessus duquel il est placé. Pour les Amérindiens, le monde des rêves est aussi réel que le monde physique. Il permet de côtoyer les esprits et d'obtenir des présages. Chaque rêve traduit la présence d'un esprit venu de l'au-delà.

Pour entrer en contact avec le Grand Esprit et afin qu'il vous montre la voie vers l'Ungawi, commencez par accrocher un attrape-rêve au-dessus de vous afin de bloquer les mauvais esprits et de ne pas être dérangé lors de la méditation chamanique.

Vous allez ensuite devoir vous laisser guider par votre animal-totem, réceptacle du Grand Esprit, et ne faire plus qu'un avec lui. Pour cela, vous devez pouvoir l'identifier et connaître ses caractéristiques et vertus. Afin de savoir à quel animal-totem vous êtes lié, vous devez vous référer aux correspondances ci-dessous, liées à votre jour et mois de naissance :

- du 20 janvier au 18 février, vous êtes Loutre ;
- du 19 février au 20 mars, vous êtes Loup ;
- du 21 mars au 19 avril, vous êtes Faucon ;
- du 20 avril au 20 mai, vous êtes Castor ;

- du 21 mai au 20 juin, vous êtes Cerf ;
- du 21 juin au 21 juillet, vous êtes Pic-Vert ;
- du 22 juillet au 21 août, vous êtes Saumon ;
- du 22 août au 21 septembre, vous êtes Ours Brun ;
- du 22 septembre au 22 octobre, vous êtes Corbeau ;
- du 23 octobre au 22 novembre, vous êtes Serpent ;
- du 23 novembre au 21 décembre, vous êtes Chouette ;
- du 22 décembre au 19 janvier, vous êtes Oie.

Et voici les caractéristiques et vertus liées à chaque animal-totem :

- La Loutre : dotée d'un fort tempérament, la Loutre est parfois difficile à cerner. Intrigante, enthousiaste et débordante d'imagination, sa compagnie est recherchée. Son intelligence et sa perspicacité lui permettent de mieux cerner son entourage, qui revêt une grande importance à ses yeux, et les situations auxquelles elle est confrontée. Curieuse de nature, elle est toujours en mouvement. Elle aime l'aventure et est toujours d'humeur joyeuse. Son énergie lunaire et féminine permet de rééquilibrer et de régénérer les énergies vitales. Elle est bienveillante et bonne conseillère. Aussi à l'aise sur terre que dans l'eau, elle représente le lien entre ces deux éléments. La Loutre est la messagère du Grand Esprit qui lui confie ses secrets.
- Le Loup : réservé, sensible et observateur, le Loup ressent les émotions de son entourage. Cette empathie naturelle le rend très émotif et passionné. Même s'il appartient à un groupe, une communauté, auquel il est loyal et fidèle,

son besoin d'individualité et d'indépendance se fait souvent ressentir. Le Loup apporte à ses proches un sentiment de sécurité et de confort en les aidant à trouver leur chemin de vie. Il est la plupart du temps chaleureux et affectueux et protégera toujours sa famille et son proche entourage. Son courage face à l'adversité lui permet de s'adapter rapidement à toutes les situations. C'est un guide qui aide à déjouer les pièges et les embûches qui parsèment votre parcours. Le meilleur moment pour le rencontrer est en pleine nuit, lorsque vous pourrez hurler à la clarté de la Lune en sa compagnie afin de regrouper votre clan et de retrouver votre force commune.

- Le Faucon : cet animal-totem sait faire preuve de grandes qualités de communication et de discernement et est un visionnaire éclairé. La vivacité d'esprit et le regard perçant du Faucon lui permettent de percevoir les signes envoyés par les esprits de la nature et de déceler la vérité dans un état de conscience éveillée. Il sait toujours prendre les bonnes décisions, même dans les situations les plus compliquées, et saisir les meilleures opportunités. En prenant son envol, il est capable de prendre du recul et d'analyser une situation dans son ensemble. Le fait de pouvoir prendre facilement de l'altitude le rend en effet d'autant plus sensible aux messages délivrés par le Grand Esprit à travers sa création. Le Faucon permet de voir ce qui était ignoré jusque-là et constituait une faiblesse ou un obstacle. Il empêche de faire fausse route, permet d'atteindre plus rapidement les buts fixés et éclaire le chemin de notre évolution spirituelle.

- Le Castor : honnête, ambitieux, généreux, organisé et entreprenant, le Castor a indéniablement l'esprit d'équipe. Il est capable de bâtir des relations durables et est très fidèle en amitié comme en amour. Il sait apprécier les talents qui l'entourent et les mettre à profit afin de pouvoir atteindre des objectifs communs pour lesquels chacun a une tâche précise à accomplir. C'est un leader né, débordant d'énergie, qui aime le travail bien fait et qui respecte toujours ses engagements. Son endurance lui permet également d'entreprendre des actions à long terme. Le Castor sait cependant rester modeste et privilégie le bien-être de sa famille et de ses proches, auxquels il apporte sa protection sans failles. Son foyer est son refuge et il aime à le rendre le plus confortable possible.
- Le Cerf : prudent et patient, le Cerf aime évaluer une situation avant de s'engager et ne pas prendre de décisions hâtives qui pourraient s'avérer néfastes par la suite. Il avance avec précautions mais aussi avec détermination. Une fois tout danger écarté, il se révèle être robuste, plein de grâce et de légèreté et débordant de joie de vivre. Le Cerf, d'apparence calme, est néanmoins puissant et mieux vaut ne pas le provoquer. Tout comme à chaque saison il perd ses bois qui repoussent ensuite, il apporte la régénération, le renouveau. Il incarne la transition, le changement spirituel. Évoluer à son contact vous permet de faire le point sur votre passé et de prendre un nouveau départ grâce à une meilleure compréhension de votre essence intérieure. Il vous aide à vous renforcer et à avoir une meilleure estime de vous-même en vous montrant à quel point vous êtes

considéré par ceux qui vous entourent malgré un parcours personnel parfois difficile et solitaire.

- Le Pic-vert : doté d'une forte sensibilité, le Pic-vert qui tambourine sur les arbres est connecté aux battements de la Terre elle-même. Il peut entendre le Grand Esprit respirer et s'exprimer à travers Mère-Nature. Il peut adapter son propre rythme afin de réguler ses énergies vitales et amorcer ainsi des changements et s'ouvrir à de nouvelles perspectives. Courageux et créatif, il ne recule devant rien tant que son but n'est pas atteint. Il est aussi bon conseiller car très compréhensif et stimulant, et il dispose de fortes qualités empathiques. Il peut facilement devenir le catalyseur de changements majeurs dans votre vie si vous savez l'écouter et lui faire confiance. Évoluer en synchronisation avec le Pic-vert, c'est apprendre à percevoir le monde différemment, plus intensément, à être plus sensible, à l'écoute de la réalité et des valeurs essentielles qui composent le meilleur de chacun d'entre nous.
- Le Saumon : persévérant, toujours positif et confiant en ses propres capacités, le Saumon ne dévie jamais du chemin de vie qu'il s'est tracé. Fidèle à ses origines, il est capable d'introspection, de retour aux sources, de comprendre l'origine d'une situation et de se remettre lui-même en question, car l'évolution naît d'un effort constant. La sagesse ainsi acquise et sa connaissance intérieure le poussent la plupart du temps à faire les bons choix dans ceux qui se présentent à lui. Le courant le pousse généralement dans le bon sens et, si ce n'est pas le cas, il le remonte à contresens pour en

faire un atout. La difficulté et l'adversité ne l'effraient pas, il se concentre sur sa destination et sait s'adapter à toutes les situations. Chaque rencontre, chaque situation lui est profitable et élève son esprit. Les épreuves sont pour lui des leçons de vie grâce auxquelles il apprend à s'améliorer, à être plus fort. Travailleur, courageux et persuasif, il obtient ce qu'il veut à force de volonté. Les défis le stimulent et le motivent, il sait comment surmonter les obstacles. Le Saumon est garant de sagesse, de confiance en soi et de savoir spirituel. Il aide à naviguer dans la vie avec fermeté, courage et motivation.

- L'Ours brun : cet animal-totem représente avant tout la force et la générosité. Il possède une grande confiance en ses capacités et est très protecteur envers sa famille. C'est également un bon vivant, qui aime profiter des plaisirs simples de l'existence. Sérieux et méthodique, il n'est pas découragé par les efforts à fournir. Son impatience le fait parfois trébucher, mais il se relève immédiatement et reprend sa route. Il sait aller chercher dans ses réserves pratiquement inépuisables. Son mental puissant lui permet de guérir rapidement les blessures que lui inflige la vie. Si besoin, il est capable de marquer des pauses afin de mieux se régénérer, comme l'ours qui hiberne dans la nature avant de ressurgir de sa tanière au début du printemps, quand Mère-Nature redonne vie à la végétation. L'Ours brun contribue, dans les périodes de doute ou de stress, à retrouver la force intérieure et l'équilibre spirituel en puisant dans de nouvelles énergies.

- Le Corbeau : dans la mythologie amérindienne, le Corbeau est la personnification du tonnerre et du vent. D'un battement d'ailes, il fait surgir le vent, et sa langue est l'éclair qui fend les cieux. C'est un messager divin qui prévient du danger à venir. Il est le lien entre le Grand Esprit et les humains. Chaleureux, enthousiaste et charmeur, c'est aussi un habile stratège qui peut se sortir rapidement de toutes les situations préjudiciables et tirer avantage des opportunités qui se présentent à lui. Le Corbeau est un passeur vers l'au-delà, un inlassable voyageur entre les mondes du vivant et de la mort, son croassement annonçant souvent un décès. Ce rôle psychopompe fait de lui l'un des guides les plus puissants vers la route des étoiles. C'est également un grand guérisseur qui aide à se connecter à son propre inconscient, à en faire ressortir les peurs et angoisses les plus profondes et à les analyser, les affronter, pour enfin les surmonter.
- Le Serpent : c'est l'animal-totem de la plupart des chamans, car il est lié au monde des esprits. Comme il se transforme et évolue grâce à la mue, c'est-à-dire lorsqu'il délaisse sa vieille peau pour une nouvelle, il symbolise le renouvellement, la résurrection, le cycle éternel de la vie. Il incarne notre enracinement et nos valeurs liées à nos origines ancestrales. Le Serpent est lié à l'inconscient, à la sagesse, à la connaissance. Il initie aux mystères du savoir existant dont il détient les secrets. Ses capacités de transformation aident à s'adapter rapidement à de nouvelles situations et à trouver des solutions aux moindres problèmes. La sagesse qu'il détient alliée à la ruse dont il sait faire preuve en font un guide avisé capable de déjouer tous les obstacles et de

mener à une meilleure connaissance de soi-même et du monde qui nous entoure.

- La Chouette : discrète, douce et généreuse, facile à vivre et sociable, la Chouette est liée à la Lune et à l'aspect féminin présent en chacun de nous. Elle possède une connaissance intuitive de toute chose et la capacité de discerner ce qui est dissimulé dans l'obscurité. C'est une annonciatrice mythique, liée depuis toujours aux présages et aux augures. La puissance de sa perception permet à la vérité d'éclater au grand jour. On ne peut rien lui cacher. La Chouette encourage à regarder au-delà des apparences parfois trompeuses pour révéler la réalité d'une situation ou des motivations d'une personne. Elle aide donc à prendre les bonnes décisions en renforçant la lucidité, à développer l'intuition, le don de prémonition, et la confiance en soi. Elle aime aussi l'inconnu, les nouvelles expériences, et partir à la découverte de nouveaux horizons. Elle nous rappelle que la fin de l'existence terrestre n'est que le début du voyage.
- L'Oie : persévérante, résistante, déterminée, ambitieuse, l'Oie possède un caractère bien trempé, mais est également dotée d'un fort sens de l'humour. Elle stimule l'imagination et peut aider à dépasser les blocages créatifs. Symbole de fécondité et de fidélité, elle est apaisante et sécurisante. Elle favorise un retour aux sources régulier afin de se régénérer et de puiser la force nécessaire dans ses racines afin d'avancer sans cesse. Ses périodes de migration s'opèrent en groupe par des formations en V qui permettent à ceux qui la suivent de profiter de son élan et de sa volonté sans faille

> tout en leur laissant une vision claire de l'horizon. Dans l'entourage de l'Oie, personne n'est jamais mis de côté. Le but est commun quelle que soit la distance à parcourir avant de l'atteindre, et la manière d'y accéder, partagée en toute franchise. Le collectif fait sa force. Elle représente de tout temps des valeurs d'équilibre, de partage et d'entraide essentielles pour la survie et l'évolution au sein des tribus amérindiennes et plus généralement au bénéfice d'un groupe. Elle est le guide idéal de toute quête spirituelle. L'Oie est aussi une grande communicante qui sait persuader et faire passer un message, toujours au profit de sa communauté.

Essayez d'en savoir plus sur votre animal-totem dans son environnement naturel et sur son mode de vie afin de mieux comprendre les liens qui vous unissent.

Voici venu le moment de le rencontrer. Installez-vous dans un endroit calme et confortable, de préférence à la nuit tombée afin de voir les étoiles, ou du moins d'imaginer leur éclat dans le ciel nocturne. Utilisez des tambourins et entamez un chant d'une voix monocorde et saccadée pour ouvrir le chemin des étoiles. Ou passez simplement un enregistrement de chants indiens. Puis concentrez-vous, détendez-vous, faites le vide dans votre esprit en prenant de grandes inspirations. Imaginez-vous en pleine nature, par exemple dans une grande clairière dégagée, en forêt, devant un cours d'eau, ou au sommet d'une montagne en fonction de la nature de votre animal-totem. Représentez-vous ses caractéristiques physiques et attendez qu'il se manifeste de lui-même. Soyez patient, une confiance mutuelle doit doucement s'installer entre vous deux. Une fois une certaine complicité établie, laissez alors votre esprit vagabonder à ses côtés, entrez en totale symbiose avec lui et laissez-le vous guider. Vous ne devez faire plus qu'un avec lui et laisser votre instinct animal prendre le dessus. Courez, grimpez, nagez, volez avec lui. Rien ne peut vous arriver car votre animal-totem est votre protecteur. Profitez juste pleinement du voyage à l'issue duquel votre guide spirituel vous aura peut-être donné un aperçu du pays des chasses éternelles.

15

Peuples polynésiens : Hawaiki et le Rôhutu noa noa

LA LÉGENDE

L'origine du monde pour les Polynésiens est due, depuis le vide et les ténèbres du chaos primordial, à l'éclatement d'un œuf cosmique contenant toute la création de l'Univers.

Pour les Tahitiens, le démiurge qui en est issu se nomme Taaroa ; à Hawaï, c'est Kanaloa ; aux îles Samoa, c'est Tagaloa ; pour les Rapa Nui de l'île de Pâques c'est Make-Make, l'homme-oiseau qui rapporta l'œuf sur leur île d'où sortirent alors également les êtres humains. Pour les Maoris, un peuple polynésien établi en Nouvelle Zélande et aux îles Cook (et selon leur récit le plus ancien, le *Nga Tama a Rangi*, que l'on peut traduire par « Les fils du paradis »), le Père-Ciel (Ranginui) et la Terre-Mère (Papatuanuku) sont les divinités primordiales qui furent à l'origine séparées l'un de l'autre et qui sont la source de toutes les formes de vie sur Terre.

La plupart de ces démiurges issus de différentes traditions polynésiennes utilisèrent la partie supérieure de la coquille de l'œuf primordial pour former le ciel où ils élurent domicile. La partie inférieure forma la terre et la mer. Les graines contenues dans l'œuf devinrent le Soleil, la Lune et les étoiles, et le jus de sa pulpe servit à créer la pluie. Puis la divinité utilisa diverses parties de son propre corps pour créer les astres, les nuages, les végétaux, les poissons et les crustacés, les animaux terrestres et les oiseaux, et enfin, en dernier, les humains.

Dans cette cosmologie, l'Univers est alors divisé en deux sphères. Celle de droite est habitée par les humains, celle de gauche, par les esprits des morts et les esprits du ciel, les divinités. L'est étant la direction du lever de l'astre solaire, c'est aussi le lieu de la lumière, de la vie, de la fécondité et de l'avenir, tandis que l'ouest est le lieu des origines, de l'obscurité, du passé, de la mort et des esprits ancestraux.

Le monde terrestre s'est ensuite organisé en plusieurs terrasses empilées les unes sur les autres. Les humains, qui étaient immortels en ce temps-là et qui vivaient au niveau le plus bas, se sentirent vite à l'étroit dans cet espace qu'ils partageaient avec les animaux et les plantes. Alors ils creusèrent au-dessus d'eux pour occuper petit à petit sept autres terrasses qu'ils finirent par remplir également. Au niveau spirituel, un trou percé dans chaque terrasse permet de passer de l'une à l'autre et de progresser dans la connaissance universelle. Ces terrasses sont aussi représentées selon les croyances de différentes peuplades polynésiennes sous la forme d'un arbre gigantesque et l'au-delà est constitué, avec ses branches supérieures, d'un ensemble d'îles mythiques nommé « Hawaiki », d'où sont originaires d'après les légendes les premiers peuples polynésiens.

Pour tous ces peuples, leurs îles flottent sur l'eau et les secousses sismiques sont en fait des soubresauts causés par la colère des divinités marines. Une pieuvre gigantesque sépare la Terre et l'océan du ciel et relie toutes les îles des différents peuples polynésiens entre elles grâce à ses huit tentacules, de Tahiti et les nombreuses îles de la Société à Hawaï, en passant par les îles Samoa, Fidji, Tonga, Tuvalu, Kiribati, Cook, Marquises,

Wallis-et-Futuna, ou encore l'île de Pâques, jusqu'en Nouvelle-Zélande.

LE LIEU

Dans la mythologie polynésienne, il existe dix cieux. Ceux-ci sont empilés les uns sur les autres. Certains abritent le Soleil, la Lune et les étoiles, la pluie et le vent, l'arc-en-ciel, le ciel argenté et calme ou le nuage rouge menaçant. D'autres sont la résidence de diverses divinités. Le dixième ciel, le plus haut, est toujours la demeure du démiurge.

Selon les Maoris, les âmes des morts voyagent jusqu'à l'arbre indigène Pohutukawa aux fleurs rouge vif qui se trouve à la pointe du cap Reinga, au nord-ouest de la Nouvelle-Zélande, le lieu du grand saut de départ des esprits. L'âme glisse sur un chemin le long d'une racine du Pohutukawa, jusqu'aux profondeurs de la mer. Puis elle émerge à Ohaua, qui est la pointe la plus élevée des îles des Trois Rois, pour un dernier voyage avant de retourner à Hawaiki, rejoindre les ancêtres, en suivant la piste dorée que tracent sur l'océan les derniers rayons du soleil couchant.

Ce lieu mythique d'Hawaiki où résident les esprits pourrait correspondre à une région de la Mélanésie, située juste au-dessus de l'Australie entre la Nouvelle-Guinée et les îles Fidji, qui est reconnue comme le berceau des civilisations polynésiennes, il y a plus de cinq mille ans, d'après de récentes études anthropologiques. C'est depuis cette région du globe que serait issue la culture de l'ensemble de ces peuples avant leur dispersion progressive avec femmes, enfants, graines et bétail dans toute l'Océanie à l'aide de grandes pirogues à balancier et canoës à double coque, si frêles embarcations devant les fureurs de l'océan.

Mais bien entendu, Hawaiki existe sur un autre plan dimensionnel que le nôtre.

Hine-nui-te-p□ est la déesse de la nuit, celle qui apporta la mortalité aux hommes et leur ouvrit la voie vers cet autre monde des esprits sur lequel elle règne.

Aux îles Marquises, les âmes des morts méritants se réunissent sur la cime de la montagne Kioukiou jusqu'à ce que la mer s'entrouvre lorsque la montagne est pleine d'âmes et les emmène sur une terre de profusion nommée Nouka-Hiva, emplies de fruits délicieux et de l'eau pure d'un lac azuré toujours calme et tempéré, et dont la déesse souveraine se nomme Oupou. Mais ce paradis est réservé aux riches qui ont néanmoins été bons durant leur existence. Après une éternité passée en ce lieu merveilleux, leurs esprits réintègrent une nouvelle enveloppe corporelle sur Terre. Les étoiles filantes sont des manifestations de leur voyage de retour dans le monde matériel.

En Polynésie française, comme à Tahiti et Bora-Bora entre autres, les âmes lors de leur sortie du corps sont avalées par Taaroa, le dieu principal, afin qu'il les purifie et qu'il les pénètre de son essence divine. Cet événement à lieu dans une zone toujours située à la pointe nord-ouest des îles nommée Rereraa Varua, le point d'envol des âmes.

À Tahiti, c'est la pointe de Tataa, sur la commune de Papeete, un rocher sacré proche de diverses sources d'eau froide qui permettent à l'âme de se purifier avant de se recueillir et de faire le bilan de son existence passée durant trois jours. Ces lieux d'envol des âmes sont sacrés en Polynésie et il est interdit d'y construire quoi que ce soit. L'homme ne peut y apposer son empreinte car ils n'appartiennent pas au Te Ao, le monde matériel visible, mais au Te Pô, le monde immatériel et invisible des esprits. L'âme tahitienne s'envole donc de la pointe du Tataa pour séjourner un moment sur le mont Rotui, sur l'île de Moorea, puis se dirige vers le mont Temehani, sur l'île de Raiatea, qui dissimule l'entrée du paradis et de l'enfer. Des gardiens divins sont là pour diriger les âmes sur l'un des deux chemins en fonction de leurs mérites. Le paradis, au bout du chemin de droite, se nomme « le Rôhutu noa noa » (« le paradis à l'odeur suave »). Il a été sommairement décrit par le missionnaire William Ellis dans son livre *À la recherche de la Polynésie d'autrefois*, au début du XIXe siècle, qui a pu recueillir des histoires liées aux traditions orales locales et aux contes mythologiques ancestraux : « Ce Rôhutu no'a no'a, littéralement Rohutu parfumé ou odoriférant, était tout à fait un paradis mahométan (...). Le pays était décrit sous des apparences merveilleuses et enchanteresses. Il était paré de fleurs de toutes formes et de tous coloris, et parfumé des senteurs les plus agréables. L'air n'y était pas pollué, mais pur et sain. Tous les genres d'amusements auxquels des Areoi et d'autres classes privilégiées avaient été habitués sur la terre étaient là, à leur disposition. Des viandes choisies et des fruits précieux leur étaient servis en abondance au cours de somptueux festins.

De beaux adolescents et de jolies femmes, purotu anae, tous absolument parfaits, se pressaient en ces lieux. Ces honneurs et ces délices étaient réservés aux ordres privilégiés, parmi les Areoi et les chefs, à ceux qui avaient les moyens de payer les prêtres pour obtenir leur passeport vers l'au-delà… »

Les esprits des défunts, une fois purifiés, deviennent des Eatouas c'est-à-dire des divinités subalternes qui participent à la divinité de Taaroa, et qui peuvent évoluer ensuite aussi sur Terre à leur convenance, autour d'un marae, qui est un tombeau et un lieu de culte, en attendant que des prêtres leur apportent des offrandes afin de les contenter.

Mais les âmes des personnes ayant succombé à une mort violente ne prennent pas le même chemin que les autres, elles demeurent à l'endroit où elles sont décédées et errent souvent autour de maraes, qui deviennent hantés par leur présence courroucée. Elles nécessitent alors encore plus d'attention et d'offrandes afin de les apaiser.

Le marae est donc un espace de rencontre entre les humains et les esprits de l'au-delà. Il est constitué d'une aire rectangulaire pavée de pierres volcaniques et de corail, parfois en gradin tel une sorte de pyramide, surmontée d'une plate-forme de bois sur laquelle sont déposées les offrandes, et est entouré d'un périmètre de pierres dressées. Le tout premier marae fut créé dans des temps immémoriaux avec le corps vide de Taaroa une fois que tous ses organes eurent été utilisés pour façonner le monde et toutes les créatures vivantes.

Ce lieu de résidence des esprits est strictement interdit aux humains en dehors des prêtres. Il est désigné comme tapu, c'est-à-dire tabou. Si un humain à l'esprit impur touche ou pénètre dans l'enceinte d'un marae, il encourt un châtiment surnaturel voire la peine de mort, à moins d'obtenir le pardon de Taaroa par d'importantes offrandes et des sacrifices.

Ces âmes pures divinisées des maraes possèdent un pouvoir immense. Durant la nuit, elles sont capables de faire dévaler de gigantesques rochers des montagnes, comblant ainsi les rivières et bloquant leurs cours. On peut les entendre murmurer dans le vent et dans les feuillages. Parfois, on peut les apercevoir, tels des fantômes brumeux et argentés, voltiger dans le ciel à la clarté de la Lune.

LE RITUEL

Pour les Polynésiens, tout vient des dieux et possède un esprit sacré, une essence spirituelle, un fluide d'énergie vitale, le Mana. Le Mana s'incarne dans toutes les manifestations de la nature, animales, végétales, minérales, ou dans les éléments que sont le feu, la terre, l'eau ou le vent, et est aussi bien sûr présent chez les êtres humains ainsi que dans certains objets qu'ils fabriquent. Cet aspect divin du Mana doit être protégé des mauvaises ondes ou intentions néfastes par des cérémonies précises. Cette essence sacrée continue d'exister après la mort et peut influencer les événements de la vie quotidienne du groupe auquel elle appartenait. Des représentations stylisées des ancêtres ou des divinités, réalisées en pierre en bois ou en os et appelées des « tikis », se retrouvent un peu partout en Océanie. Sur l'île de Pâques, ce sont les Moaï, de grandes effigies en pierre volcanique positionnées face aux villages, dos à la mer, afin de pouvoir y projeter leur Mana surnaturel et protecteur. Le Tiki peut aussi être porté en pendentif ou posé sur un autel.

Le rituel du Mana s'effectue à l'aide du Tiki Wananga, ou « baguette du dieu ». Il s'agit d'une baguette en bois décorée de plumes et de cordons de couleurs dans laquelle l'esprit du dieu ou de l'ancêtre divinisé peut entrer et devenir ainsi l'intermédiaire entre les mondes pour apporter protection et bénédiction. Deux couleurs principales sont couramment utilisées, le rouge qui traduit le divin et le blanc qui est la couleur des ancêtres. L'officiant est quant à lui toujours vêtu de blanc, symbole de pureté.

Commencez par reconstituer l'enceinte sacrée du marae à l'aide de branches et de pierres plates, si vous en possédez, et de coquillages, de galets ou de plumes par exemple que vous disposerez sur le sol. Puis entourez-le de grosses pierres afin d'en délimiter les extrémités. Si vous n'avez rien de tel comme matériaux sous la main, utilisez simplement et symboliquement chez vous un tapis ou une étoffe posée à terre que vous entourerez d'objets qui vous tiennent à cœur.

Déposez au milieu diverses offrandes, telles ces fameuses couronnes et colliers de fleurs tressées offertes en Polynésie aux visiteurs en signe de bienvenue, que vous aurez pris le soin de confectionner auparavant et qui serviront à accueillir les esprits invoqués et à honorer les divinités. Pour fabriquer ce type de collier ou de couronne, entortillez en cercle entre elles plusieurs branches fines et souples puis entourez-les de lierre ou de liseron. Enfin, insérez tout autour à travers les interstices diverses fleurs colorées en restant si possible dans les teintes du rituel, le blanc et le rouge.

Vous pouvez aussi fabriquer des amulettes tikis à forme humaine et les placer dans le marae. Elles représenteront des personnes chères à votre cœur que vous souhaitez honorer ou protéger.

L'eau de mer est également importante dans ce rituel car, pour les Polynésiens, la mer est le berceau de tout ce qui existe et leurs terres flottent sur l'eau, à la merci des éléments marins. Déposez-en un peu en offrande dans une coupe et aspergez-en le marae. De l'eau salée peut remplacer sans problème l'eau de mer.

Puis fabriquez un Tiki Wananga à l'aide d'une baguette de bois taillée en pointe à l'extrémité de laquelle vous accrocherez des plumes et des cordons de mêmes couleurs. Bénissez et purifiez le marae à l'aide du Tiki Wananga en l'agitant à plusieurs reprises au-dessus et tout autour. Puis posez vos questions aux esprits des ancêtres et soyez alors attentifs aux présages et aux signes qu'ils vous enverront, ou honorez-les simplement en les remerciant de vous rendre visite et de se pencher sur votre existence en vous accordant leur protection. Laissez le Mana environnant vous imprégner de sa puissance et renouveler vos énergies vitales. Si vous avez déposé des offrandes alimentaires et des boissons, consommez-les alors afin qu'elles fassent partie intégrante du Mana et que les Eatouas les reçoivent.

Une fois le rituel terminé remerciez les esprits venus vous rendre visite et permettez-leur de rejoindre Hawaiki en prononçant ces paroles :

Tahi t'ia mai e te atua e, i ta matou nei pure
O te atua i ni'a, te atua i raro
Te atua i tai, te atua i uta
Te atua i roto, te atua i vaho
I whiti mai ai i Hawaiki
(Écoutez-nous, ô Dieux, dans notre prière,
Les Dieux au-dessus, les Dieux au-dessous,
Les Dieux de la Mer, les Dieux de la Terre,
Les Dieux à l'Intérieur, les Dieux à l'Extérieur,
Ceux qui arrivèrent de Hawaiki)
Tenei ano nga whakatauki o mua
(Voici les paroles des temps anciens)
E te nu'u atua e ! E ma'ma te upu.
Ei poiri i vano ei maramarama i roto mai te tahe vai u'e.
Ei manu'u a horo ei ueue a vi, ei tau tapa ohie.
(Ô Assemblée des Dieux, la prière doit se terminer.
Chasse l'obscurité et que la lumière pénètre comme le flot d'un torrent. Qu'elle se déplace et coure, qu'elle se vide pour remplir avec plénitude. Qu'elle soit les moyens d'accomplir beaucoup)
Fani i te ra e hiti aera. Tei te ra e hiti a'ere te ora, e te atua e
(Volez vers le soleil levant, avec le soleil qui se lève et qui est la vie, ô Dieux).

16

Chine et taoïsme : la Terre pure de félicité et le mont Kunlun

LA LÉGENDE

D'après des légendes chinoises du IIIe siècle, *l'Histoire des trois augustes et des cinq empereurs* et les *Annales des cinq éléments* écrits par Xu Zheng, l'Univers émergea du chaos originel grâce à un œuf cosmique dans lequel toute la matière nécessaire à la création était mélangée. Après dix-huit mille ans, un dieu nommé Pangu, né à l'intérieur de l'œuf, le cassa en deux parts grâce à l'énergie intangible, permanente et ineffable du Tao, ou souffle primordial. La moitié supérieure de l'œuf, nommée « le Yang », devint le ciel, et la moitié inférieure, nommée « le Yin », devint la Terre. Chaque jour, le ciel s'éloignait de la Terre et chacun s'allongeait, tout comme Pangu, qui grandit et devint gigantesque. Celui-ci, au milieu du ciel et de la Terre, mutait neuf fois par jour selon ses humeurs, le divin rejoignait le ciel et le démoniaque la Terre, le bien et le mal étant étroitement imbriqués dans le taoïsme. Pangu créa donc le Yin et le Yang à l'aide du Tao.

Ce dualisme cosmologique oppose toujours deux principes pourtant complémentaires, d'une part la lumière, le soleil et le feu, d'autre part l'obscurité, la lune et l'eau. Dans le fameux symbole du Yin et du Yang, le Yin, représenté en noir, évoque la féminité, l'obscurité, le secret, la fraîcheur, la réceptivité, et le Yang, en blanc, représente entre autres le masculin, la luminosité, la chaleur, l'action. Mais le Yang ne représente pas nécessairement les hommes et le Yin, les femmes, car chacun possède en soi les deux principes. Les êtres les plus

Yang dans le taoïsme sont les divinités, directement suivis des esprits immortels, hommes ou femmes ayant transcendé leur existence terrestre, tandis que dans le Yin, on peut trouver des fantômes et des démons des deux sexes. Par extension également, le Yang désigne la naissance et la vie, et le Yin désigne la mort et le monde des esprits. Dans la mythologie naturaliste chinoise, ils sont symbolisés respectivement par un corbeau et un serpent.

Puis le corps de Pangu se désagrégea et sépara, comme l'expliquent les *Annales des cinq éléments* : « Son souffle devint le vent ; sa voix, le tonnerre ; son œil gauche, le soleil et le droit, la lune ; ses quatre membres, les extrémités de l'univers ; ses coudes, ses genoux et sa tête devinrent les cinq monts sacrés ; son sang forma les rivières ; ses tendons, le relief ; sa chair, les terres arables ; ses cheveux, les astres ; les poils de son corps, la végétation ; ses dents, les métaux et les roches ; sa moelle, les pierres précieuses et le jade ; sa sueur, la pluie ; et la vermine sur son corps disséminée par le vent devint les hommes. » Mais l'esprit de Pangu n'a pas disparu pour autant. Quand il est content, il fait beau, quand il est en colère, il fait mauvais. Son souffle continue de produire le vent, sa voix, le tonnerre et ses yeux, les éclairs.

Après dix-huit mille nouvelles années, alors que le ciel était très élevé et la terre très profonde, une triade de divinités apparut alors soudainement, nommée « les Trois Purs ». Ils sont respectivement le vénérable céleste de l'origine et du commencement primordial (Yuanshi tianzun, qui tient entre ses doigts la perle cosmique symbolisant le chaos originel), le vénérable céleste du joyau sacré (Lingbao tianzun, qui détient le sceptre qui exauce les souhaits) et le vénérable céleste de la voie et de sa vertu (Taishang laojun, qui tient dans une main l'éventail magique sur lequel est décrit en détail le séjour des Immortels, et dans son autre main, l'Élixir d'Immortalité).

Cette trinité divine symbolise le Tao, la base de la philosophie taoïste, et le but à atteindre grâce à différentes pratiques ésotériques pour accéder à l'immortalité. Mais ces dieux n'interviennent pas dans les affaires matérielles terrestres car, d'après le principe du non-agir, la nature et les autres créations divines n'ont ensuite pas besoin d'aide pour se développer et prospérer.

Cependant, une fois que le monde fut créé par Pangu (qui est d'ailleurs parfois directement assimilé à Yuanshi tianzun, le premier des Trois Purs), il est dit que le souffle originel du Tao prit forme humaine sous le nom de « Tao-Kiun », « le seigneur du Tao », pour descendre sur Terre et instruire les êtres humains en leur apprenant le chemin du salut spirituel grâce à des recettes importantes et des formules puissantes. Certains textes anciens, comme le *Tao Te Ching* (*Livre de la Voie et de la Vertu*), attribuent également ce rôle à Taishang laojun, le dernier des Trois Purs, qui serait le père spirituel du taoïsme sous le nom humain de Laozi.

LE LIEU

La Terre pure de félicité représente dans le taoïsme le monde céleste. Elle est composée des Trois Cieux de pureté, Yuqing (pureté de jade), Shangqing (haute pureté) et Taiqing (pureté suprême).

Les Trois Cieux de pureté sont associés aux trois divinités les plus importantes du panthéon chinois, les Trois Purs. Chacun y possède sa demeure et règne sur l'un des cieux.

La Terre pure de félicité se trouverait au-delà du sommet du mont Kunlun, équivalent chinois du mont Meru des hindouistes, et lieu de résidence de nombreuses divinités et de créatures légendaires. Kunlun est le lien entre la Terre et le domaine divin. Ses falaises abruptes rendent la montagne inaccessible au commun des mortels, mais quiconque parviendrait à l'escalader jusqu'à son sommet deviendrait aussitôt immortel.

Les falaises de Kunlun sont en jaspe et en jade. Quatre fleuves coulent de la montagne : le fleuve Rouge, le fleuve Jaune, le fleuve Noir et le fleuve Yang. Une rivière encercle aussi la base de Kunlun, mais son liquide est si peu dense qu'il est impossible d'y nager ou d'y flotter. Même une plume ne pourrait y flotter et coulerait instantanément. Aucun humain ou bateau ne peut donc traverser cette rivière. Après cette rivière se trouvent des sables mouvants.

Les roches de Kunlun sont constituées de pierres précieuses, les arbres laissent pendre des grappes de perles rares et les plantes exotiques sont toutes ornées de bijoux. On peut y nager dans des étangs au fond d'or et fleuris de lotus. On y trouve aussi des champignons magiques aux nombreuses vertus et aux couleurs étincelantes.

Dans ce paradis jaillit une source de feu liquide dans laquelle les âmes se baignent et fondent pour en ressortir lavées de toute souillure dans un nouveau corps immortel. C'est la cérémonie de la Fonte des âmes.

Dans l'ultime niveau de la montagne, qui se trouve sur un autre plan dimensionnel, dans les cieux et séparé du plan terrestre, au sein de la Terre pure de félicité, se trouvent les demeures des trois divinités suprêmes, dont le Palais du Ciel aux remparts dorés de Yuanshi Tianzun.

Pour accéder à ces niveaux célestes et divins, il faut traverser l'aire sacrée des dix portes dont les quatre portes du ciel, du Soleil, de la Lune et de la Terre qui protègent des mauvais esprits. En dehors des trois dieux primordiaux qui dirigent chacun l'un des trois cieux, une myriade de divinités secondaires y a élu domicile dans de somptueux et immenses palais. Elles y sont secondées dans leurs tâches divines par une légion d'innombrables Immortels fonctionnaires. Même dans le monde divin, les Chinois ne conçoivent pas de félicité plus grande que de devenir fonctionnaires au service des dieux au sein d'une administration céleste colossale.

Le premier palais céleste, le somptueux Palais de Ténuité Pourpre, comporte à lui seul 55 555 étages et autant de légions de fonctionnaires célestes tous habillés de vêtements ailés en plumes vertes. On y trouve aussi les palais dont les dieux dirigent les phénomènes physiques et naturels, le Soleil et la Lune, le tonnerre et les éclairs, la pluie et le vent, ou encore le palais du Directeur du Destin qui tient les registres des Livres de la Mort et de la Vie.

Tous les six mille ans, des pêches qui confèrent l'immortalité sont servies dans les différents palais lors de buffets grandioses.

Mais rares sont les élus qui peuvent accéder à ce lieu de repos éternel en participant dans une union mystique à l'unité du Tao, qui contient le moindre souffle de vie. Pour obtenir l'immortalité spirituelle, il faut avoir prouvé sa valeur et avoir effectué de nombreux actes de bonté et de compassion durant la vie terrestre, afin que le dieu nommé le directeur du Destin raye le nom de celui qui se présente devant lui du Livre de Mort pour le porter sur le Livre de Vie. Il existe en effet deux volumineux registres dans le monde céleste, et sur le premier, l'imposant Livre de Mort, sont inscrits dès la naissance les noms de tous les êtres humains ainsi que le temps de vie alloué à chacun. Le Livre de Vie, plus petit, est celui des âmes devenues immortelles. Le Directeur du Destin peut rallonger ou raccourcir le temps de vie selon les bonnes ou mauvaises actions qu'il note dans ses registres. Mille deux cents bonnes actions terrestres suffisent pour devenir un immortel céleste après la mort si le directeur du Destin en décide ainsi. Mais toute mauvaise action interrompt la série et oblige ensuite à recommencer la série des mille deux cents bonnes actions depuis le début. Cependant, un nombre trop important de fautes fera pencher la balance définitivement du mauvais côté et risquera de précipiter plus tôt que prévu l'esprit souillé dans les ténèbres pour l'éternité. Il existe cependant des rituels de pénitence pour effacer les péchés et permettre aux esprits ainsi purifiés de rejoindre quand même les Trois Cieux.

LE RITUEL

Pour atteindre l'harmonie du corps et de l'esprit nécessaire à la compréhension du Tao, un ensemble de méthodes et de pratiques doit être observé durant l'existence, mêlant méditation, diététique, moralité, médecines naturelles, techniques de respiration et de gymnastique, exorcismes et divination. L'alchimie est aussi couramment employée pour fabriquer de soi-disant pilules d'immortalité ou dans le but d'affaiblir les Trois Vers maléfiques installés dans le corps humain dès la naissance et qui participent à la décomposition physique toute la vie durant, tels des démons intérieurs. Les céréales sont à proscrire par exemple du régime alimentaire taoïste, car les Trois Vers s'en nourrissent et, plus ils seront fortifiés, plus ils nuiront à leur hôte. Ils chercheront alors à diminuer son espérance de vie et monteront au ciel rapporter ses péchés afin de lui interdire l'accès aux Trois Cieux.

Le but du taoïsme étant d'atteindre la plénitude du vide et d'avoir le moins d'influence possible sur son environnement. En imitant la passivité féconde et harmonieuse de la nature, l'homme se libère donc des contraintes en se laissant emporter comme une feuille morte dans le courant de la vie afin d'entrer en communion avec les forces cosmiques. Pour les moines taoïstes, devenir inutile aux autres et transparent conduit à la progression dans la voie du Tao, tout comme l'arbre tordu au bord du chemin qui ne sera jamais coupé et débité en planches à cause de son apparence et pourra donc continuer à croître sereinement. Le taoïsme représente donc un idéal d'insouciance, de spontanéité et de liberté individuelle, mais sans pour autant nuire à son entourage ou à la vie dans sa globalité.

L'une des interdictions fondamentales des taoïstes pour atteindre l'harmonie et la pureté est d'absorber le souffle vital d'une autre créature vivante, donc de tuer pour manger. En effet, comment devenir immortel en mangeant des animaux morts ? Le régime taoïste est donc végétarien, seulement les végétaux aussi sont vivants même s'ils ne possèdent pas d'âme. L'alchimie est alors censée aider à la transmutation des aliments mortels en aliments immortels et de spiritualiser la nourriture. Et donc de manière logique le salut de l'âme passe régulièrement par le jeûne. L'esprit se nourrit alors du souffle régénérateur du Tao primordial.

Le rituel du Jeûne du Talisman Jaune permet de purifier le corps et l'esprit. C'est la fête de pénitence pour les morts en Chine qui rachète les fautes commises par les ancêtres devant les dieux et permet d'accéder à l'immortalité. Par cette cérémonie, les esprits célestes sont contraints de venir prendre les esprits terrestres des morts en les sortant de l'obscurité et de les emmener aux Trois Cieux vers la Terre pure de félicité. Ce n'est donc pas ses propres péchés que l'on est censé racheter mais bien ceux des ancêtres. Nos propres péchés seront rachetés par nos descendants grâce à ce même rituel.

Dans les jours, voire les semaines, précédant le déroulement de ce rituel, il est important d'avoir suivi un régime strictement végétarien, voire végétalien, sans fromage car les champignons qu'il contient évoquent la pourriture et donc la mort, sans céréales car ils nourrissent les Trois Vers, ni alcool car il affaiblit l'esprit. Il faut ensuite observer une journée entière de jeûne. Seule l'eau pure est autorisée.

Pour commencer le rituel du Jeûne du Talisman Jaune qui s'effectue en plein air et se pratique de préférence de nuit suivant la journée donc de jeûne, tracez sur le sol l'aire sacrée circulaire des dix portes afin d'indiquer le chemin de l'ascension aux esprits terrestres et de permettre aux esprits célestes de venir les chercher. Aux quatre points cardinaux, indiquez le nom des portes du ciel, du Soleil, de la Lune et de la Terre. Ce sont les chemins qu'emprunteront les esprits. Préparez aussi une cordelette sur laquelle vous ferez une série de nœuds, autant que d'ancêtres à invoquer.

Puis faites brûler des parfums et des encens et allumez des lampes ou des bougies pour attirer les esprits célestes sur le lieu de passage des dix portes afin de les aider à trouver leur chemin et qu'ils descendent de la Terre de félicité vers le monde des humains.

Enterrez ensuite un foulard de soie ou toute autre étoffe, ainsi qu'un talisman quelconque à condition qu'il soit jaune, de préférence une figurine de dragon car elle force les esprits à l'obéissance, de telle manière que l'esprit terrestre que vous souhaitez libérer puisse s'en servir comme offrandes auprès des dieux afin de se faire pardonner de ses éventuelles fautes et que son nom soit inscrit sur le Livre de Vie, lui autorisant ainsi l'accès aux Trois Cieux.

Commencez ensuite à déambuler vous-même dans l'aire sacrée en commençant par la porte de la Terre et en tournant par la gauche. Puis prononcez ces paroles sacrées :

Que les cavaliers et soldats Immortels Célestes, Immortels Terrestres, Immortels Volants, Hommes Réels, Hommes Divins, les cavaliers et soldats du Palais du Soleil et de la Lune, des Planètes et des Constellations, des Neuf Palais, des Trois Fleuves et des Quatre Mers, des Cinq Pics et des Quatre Rivières, au nombre de neuf cent mille myriades, viennent veiller le Jeûne !

Je lève l'encens pour sauver mes aïeux et aïeules des neuf générations, leurs âmes mortes qui sont dans le Coffre de Jade des Neuf Obscurités, dans le Domaine de la Nuit Éternelle, leurs corps qui résident dans des conditions mauvaises. Pour leur salut est établi ce Jeûne, et je brûle de l'encens. Je souhaite que les aïeux et aïeules des neuf générations soient tirés des douleurs obscures et montent aux Palais Célestes. Je brûle de l'encens.

Ô vous, les Très-Hauts Trois Vénérables, je souhaite reverser les mérites de cette cérémonie sur mes parents jusqu'à la neuvième génération. Je supplie qu'ils obtiennent d'être délivrés des Dix Maux, des Huit Difficultés, et que leurs corps qui sont dans la Nuit Éternelle obtiennent de voir la Lumière Brillante, de monter aux Palais des Cieux, d'être vêtus et nourris de vêtements et de nourriture produits spontanément, et de demeurer éternellement dans le Non-Agir. Qu'ils soient retranchés du registre des pécheurs et sauvés ! Que leurs âmes et leurs corps misérables entrent dans la Lumière Brillante, montent au Palais Céleste et obtiennent bientôt de pouvoir vivre à nouveau dans le Bonheur ! C'est pourquoi maintenant je brûle de l'encens.

Puis saisissez-vous de la cordelette et dénouez les nœuds un par un afin de libérer les esprits des ancêtres et de leur permettre de quitter l'obscurité pour la lumière en accédant à la cérémonie de la fonte des âmes. Éteignez l'encens et les bougies et remerciez les esprits célestes.

17

GROENLAND ET INUITS : L'ADLIVUN ET LE QUIDLIVUN

LA LÉGENDE

De nombreuses divinités existent chez les Inuits mais sans aucun récit connu de leurs origines. En fait, ce sont plutôt des esprits naturels qui se manifestent sous différentes formes. Anguta est considéré comme le grand esprit primordial et est l'être suprême parmi les Inuits, même si ces derniers ne reconnaissent pourtant pas de volonté originelle divine et créationniste de l'Univers dans sa globalité. Le monde existe, simplement.

Dans cette culture ancestrale, le cosmos est divisé en divers étages superposés, visibles ou invisibles, qui contiennent chacun l'esprit d'un animal sacré, d'un végétal, d'un élément et d'une manifestation de la nature, car tout est lié et coexiste en harmonie, dans une perpétuelle interaction entre les hommes, les astres, le vent, les pierres, les glaces, les bêtes et les plantes, grâce à la Sila, l'esprit du cosmos. Toutes ces formes ou manifestations de vie n'étaient pas figées et immuables à l'origine mais pouvaient se métamorphoser à volonté, passer de l'une à l'autre.

Le ciel, quant à lui, est un vaste pays dont le sol est particulièrement troué (ce sont les étoiles) et, lorsque ses habitants versent quelque chose sur le sol, cela passe par les trous et, en conséquence, il pleut ou il neige sur la Terre.

Le récit traditionnel des Inuits raconte que c'est Tulugaak, l'esprit du Grand Corbeau, qui a permis au monde des humains de voir le jour en extrayant avec son bec la première terre depuis les profondeurs de l'océan. Sur cette terre, un disque plat entouré par la mer et reposant sur quatre énormes piliers et dont l'esprit se nomme Nunam, existaient à l'origine un homme et une femme, mais aucun animal. L'homme et la femme demandèrent à Kaïla, l'esprit du ciel, de peupler la terre d'autres créatures. Ce dernier creusa un trou dans la banquise et leur demanda d'aller pêcher. Ils retirèrent ainsi de ce trou tous les animaux, des poissons aux ours blancs en passant par les caribous. Ils relâchèrent le caribou afin qu'il se répande sur Terre et se multiplie. L'homme et la femme eurent de nombreux descendants et le caribou nourrit leur peuple de sa chair, le vêtit et l'abrita de sa peau. L'esprit divinisé du caribou se nomme Tekkeitsertok, qui est également l'esprit de la chasse.

Mais un jour, tous les caribous en bonne santé ayant été mangés, il ne resta plus que des animaux faibles et malades. Kaïla renvoya alors l'homme et la femme pêcher sur la banquise et ils en retirèrent l'esprit du loup Amarok, qui mange depuis cet instant les caribous les plus faibles afin que l'espèce se reproduise continuellement et demeure vivace en régulant sa population. Car, si le caribou nourrit le loup, le loup conserve le caribou en bonne santé. Amarok dévore également les chasseurs qui tuent plus de caribous qu'ils ne peuvent en manger. Ainsi se mit en place le concept naturel de chaîne alimentaire nécessaire au cycle de la vie. Chacun dépend des autres pour sa survie dans ce milieu hostile et les humains doivent estime et respect aux animaux. Le lien qui les unit est si puissant dans l'imaginaire inuit que des légendes racontent que certains animaux ont toujours le pouvoir de se transformer en humain à leur convenance. L'inverse est également vrai concernant les chamans les plus puissants.

Si le cosmos est divisé en plusieurs niveaux et que le ciel est également habité par des esprits surnaturels, ce sont cependant les profondeurs de la mer qui accueillent dans un premier temps les esprits humains après la mort avant qu'ils rejoignent finalement leur lieu de repos éternel sur la Lune.

LE LIEU

Comme les Inuits du Groenland et de l'Arctique tirent de l'océan une grande partie de leurs moyens de subsistance, ils placent leur séjour de bonheur après cette vie, au fond de l'Océan. Dans ce lieu nommé l'Adlivun règne un été perpétuel car le soleil n'y laisse pas entrer la nuit, les eaux y sont toujours claires et tous les biens y abondent. Les rennes, les volailles et les poissons s'y attrapent sans peine, et tombent directement dans des chaudières toujours bouillantes. Les esprits y sont toujours joyeux et passent leurs journées à jouer, rire, plaisanter et chanter.

Dans ce lieu, les esprits humains sont purifiés durant une année avant leur voyage final vers le lieu de repos éternel et de béatitude sur la Lune, le Quidlivun. D'ailleurs lorsque la Lune, dont l'esprit se nomme Aningan, n'apparaît pas dans le ciel, c'est parce qu'elle est en chemin vers la Terre pour venir chercher de nouvelles âmes dans l'Adlivun. Aningan est aussi la source de la clairvoyance des chamans, ainsi qu'un gardien céleste veillant à ce que les divers interdits et tabous nécessaires à la survie du peuple inuit soient bien observés.

Une fois au Quidlivun, chacun peut choisir la forme qu'il veut endosser, car on peut alors devenir autre chose que ce que l'on était durant la vie terrestre. Un esprit humain peut se transformer en n'importe quel esprit animal par exemple.

C'est l'esprit du ciel étoilé et des aurores boréales, Pana, qui prend soin des âmes au Quidlivun.

Mais, dans un premier temps, pour arriver dans ce paradis sous-marin qu'est l'Adlivun, il faut l'avoir mérité par l'adresse et le travail au sein de la communauté, avoir accompli des exploits à la pêche, avoir dompté les baleines et les monstres marins, ou encore avoir péri en mer. Les âmes n'y arrivent pas aisément, mais doivent y pénétrer le long d'un rocher inondé et escarpé hérissé de pointes coupantes en progressant péniblement durant cinq jours.

C'est Silap Inua, l'esprit du ciel, du vent et du temps, mais également la forme déifiée de la Sila, l'énergie primaire cosmique qui contient l'essence même de toute vie, qui guide les esprits vers l'Adlivun. Anguta, l'esprit primordial devenu psychopompe, prend ensuite le relais et veille ensuite sur ces esprits durant un an dans le but de les purifier. Il garde cependant auprès de lui les âmes toujours indignes de rejoindre le paradis final du Quidlivun sur la Lune. Celles-ci se réincarneront plus tard sur Terre.

Anguta est également le père de Sedna, l'esprit de la mer qui règne sur Adlivun. Sedna était à la base une géante tout le temps affamée, ce qui la poussait à manger tout ce qu'elle voyait et même à s'attaquer à ses parents en tentant de les dévorer eux aussi. Son père, excédé, la conduisit en haute mer à bord d'un bateau et la jeta à l'eau. Mais comme Sedna s'accrochait à la coque, il prit un couteau et lui coupa les doigts. La géante coula alors tout au fond de l'océan et devint une sirène, moitié femme moitié poisson. Ses doigts coupés devinrent les phoques, les morses et les baleines. Elle devint alors l'esprit de la mer et la protectrice des animaux marins, en même temps que la reine de l'Adlivun, le royaume de l'au-delà tout au fond de l'océan.

Une version différente de cette légende raconte que Sedna ne voulait pas se marier mais qu'elle fut unie par ruse à un esprit-oiseau déguisé en humain qui l'emmena sur son île. Son père entendit au loin ses plaintes lorsque sa fille comprit son infortune et il décida de venir la chercher à bord de son kayak. Mais l'esprit-oiseau les poursuivit et déchaîna les océans par vengeance pour les noyer. Pris de panique, Anguta, pour échapper à la mort, jeta Sedna par-dessus bord afin d'alléger son embarcation et de pouvoir fuir. Sedna s'accrocha au bateau et la suite demeure similaire à la première légende.

Anguta, pris ensuite de remords d'avoir ainsi sacrifié sa propre fille, s'étendit de désespoir sur la plage et laissa la marée l'emporter. Il rejoignit alors Sedna au fond des océans dans l'Adlivun où il prit sa fonction de gardien des âmes.

Une autre divinité psychopompe présente dans l'Adlivun est Pinga, l'esprit de la fertilité et de la médecine, qui prépare les âmes des nouveaux défunts à la réincarnation en les soignant avec ses remèdes.

LE RITUEL

Les Inuits sont profondément animistes, croyance dans laquelle les dieux, les forces de la nature ou les puissances surnaturelles peuvent prendre une apparence animale.

Ils pensent que toute chose possède une âme, un esprit, et que ces esprits survivent à la mort. Donc quand ils mangent une créature vivante, ils consomment aussi son âme et tuer un animal entraîne alors certaines conséquences.

Cet esprit animal se nomme « l'Anirniq » (Anirniit au pluriel), et ce dernier peut revenir se venger de son meurtrier après la mort. Il ne peut alors être apaisé que grâce à certains rituels chamaniques, ce qui est essentiel car les Anirniit font tous partie de la Sila, l'élément primordial de tout ce qui existe, le souffle de la vie et de la nature même.

Le rituel d'invocation des Anirniit permet d'apaiser les esprits afin qu'ils ne deviennent pas des Tuurngaq, des esprits malfaisants, mais aussi d'emprunter leurs pouvoirs et leurs caractéristiques propres par le simple fait de prendre leur nom, car c'est dans celui-ci que réside leur force spirituelle. Ainsi il est possible pour les chamans inuits d'utiliser un Anirniq pour repousser un Tuurngaq.

Bien entendu, les Anirniit sont aussi liés aux esprits des êtres humains. Il est interdit de prononcer le nom d'un défunt jusqu'à ce que ce nom ait été de nouveau attribué à un nouveau-né, lui donnant ainsi la force de son précédent porteur.

Les Inuits sculptent tout d'abord des tupilaks dans de l'ivoire de rostre de narval. Ce sont de puissantes amulettes qui se présentent sous la forme de petites figurines hybrides, moitié humaines moitié animales, et qui possèdent une fonction protectrice contre le Tuurngaq.

Ensuite, ils construisent un Inukshuk, qui est un empilement de pierres ayant une forme humaine avec les bras ouverts. Il a le pouvoir d'agir à la place d'une personne. C'est un symbole fort et puissant qui possède des vertus protectrices et qui procurent la bonne fortune à celui qui le touche.

D'autre part, l'esprit de l'océan Sedna n'ayant plus de doigts, elle est incapable de se coiffer lorsque ses cheveux sont trop sales et emmêlés. Elle se met alors en colère et déchaîne des tempêtes marines. Le chaman désigne alors une femme de sa communauté pour représenter Sedna afin de la coiffer et de l'apaiser.

La cérémonie commence par de la musique rythmique jouée sur des tambours, des chants et des danses utilisant de grands masques représentant les esprits animaux convoqués, baleines, morses, phoques, ours, renards, caribous, oiseaux… Ils doivent être attentifs aux signes de la nature qui trahissent la présence d'un Anirniq. Sur la banquise, cela peut se traduire par un sifflement inhabituel du vent, un écho lointain provenant des tréfonds d'une grotte ou encore un craquement dans la glace. Les danseurs possèdent de grandes mains en bois pour les attraper lorsqu'ils se manifestent.

La transformation en esprit animal lors d'un voyage transcendantal et d'une vision chamanique s'opère peu à peu au rythme lancinant des tambours après avoir prononcé le nom de l'esprit invoqué : Nanuq pour l'ours blanc, Tekkeitsertok pour le caribou, Amarok pour le loup, Sedna pour les animaux aquatiques, etc. Mais d'autres esprits peuvent aussi être sollicités comme Nunam la Terre, Aningan la Lune, Malina le Soleil, Kaïla le ciel, Silap Inua le vent, et beaucoup d'autres.

Pour effectuer le rituel d'invocation des Anirniit, commencez par fabriquer un tupilak en lui donnant une forme hybride entre humain et animal polaire. Il représentera l'Anirniq que vous souhaitez invoquer. Réfléchissez donc bien avant de créer votre amulette magique à la demande ou au souhait que vous souhaitez formuler, car chaque esprit possède ses propres pouvoirs liés à sa personnalité et à ses caractéristiques personnelles. Vous pouvez la construire en pâte à modeler par exemple ou tout autre matériau facile à manipuler.

Construisez également un Inukshuk anthropomorphe à l'aide de pierres et de branches. Il vous servira de protection contre la manifestation éventuelle d'un Tuurngaq, un esprit mauvais.

Déposez ensuite un grand nombre de glaçons dans un grand récipient rempli d'eau à température ambiante voire légèrement tiède. Ceux-ci symboliseront la banquise. Placez-y aussi votre tupilak. Dès que vous entendez un craquement provoqué par la glace qui fond, cela signifie que l'esprit convoqué commence à se manifester. Prononcez alors le nom de l'esprit que vous avez appelé ainsi que votre demande, qu'elle soit d'ordre personnel, bonne fortune, chance, santé, amour, travail ou autre, et n'oubliez pas de demander à l'Anirniq de vous accorder l'accès à l'Adlivun le moment venu en plaidant votre cause auprès de Sedna et d'Anguta.

18

LAPONIE ET NORD DE LA SCANDINAVIE : LE JABMÉ-AIMO

LA LÉGENDE

C'est Radien, le dieu du ciel qui gouverne l'Univers, qui créa le monde dans les légendes des Samis, peuple de ces contrées scandinaves. Les montagnes luisaient alors sous l'or et l'argent qui les recouvraient, la nourriture était abondante. Les arbres portaient de nombreux fruits comestibles, mais aussi des rôtis et des fromages. Les buissons regorgeaient de baies bien juteuses et des sources de lait crémeux jaillissaient de partout. Les rivières étaient pleines de poissons de toutes sortes. Les êtres humains qui avaient la chance de vivre en ce temps-là ne connaissaient ni l'effort ni le travail.

Deux frères, nommés Naevi et Adtjis, faisaient partie de ces premiers habitants. Le premier était bon, mais le second était violent et sans scrupule. Beaivi, le dieu du Soleil, appréciait beaucoup Naevi et, en récompense de sa dévotion, il lui offrit l'une de ses filles en mariage. Adtjis, pris de jalousie, voulut voler à son frère tout ce qu'il possédait ; il s'empara donc de toutes les meilleures terres après en avoir chassé Naevi, avant de finalement le tuer. Alors le malheur s'abattit sur la Terre, les maladies s'y déversèrent, les poissons cessèrent de nager, les oiseaux, de voler, les humains se battirent entre eux et nombreux furent les morts. Le dieu du tonnerre, Horagalles, gronda et envoya des éclairs et des tempêtes de neige sur les survivants. Devant l'attitude des êtres humains, Beaivi le Soleil, empli de colère et de tristesse, se détourna et se mit à pleurer. C'est la raison pour laquelle, dans ces contrées désormais froides et arides battues par le vent polaire, la nuit dure à présent plusieurs mois. Radien lui-même en effet descendit sur Terre et fit tarir les sources de lait, ôta tout ce qui poussait sur les arbres, et vida les dernières rivières de leurs poissons. Il cacha tous les fruits de la terre et fit en sorte qu'un dur labeur soit désormais nécessaire pour les trouver. Il retourna les montagnes et enfouit les métaux précieux dans les profondeurs. Il inculqua aux animaux la peur des humains pour les inciter à dorénavant fuir à leur approche. Il décréta cependant que l'âge d'or reviendrait le jour où les humains redeviendraient aussi bons et pieux que l'était Naevi au commencement du monde.

Les signes les plus courants que les dieux sont toujours présents auprès des Samis sont les aurores boréales produites par le frottement de la queue du mythique Renard de feu contre la crête des monts, ce qui provoque de gigantesques étincelles dans le ciel.

LE LIEU

Dans la religion samie, l'Univers est divisé en trois parties : le monde céleste des dieux, le monde terrestre des humains et le monde souterrain des morts, maintenus ensemble par l'arbre-monde, fixé à son sommet par l'étoile du Nord Polaris, plus communément nommée l'étoile polaire, qui se trouve dans la constellation de la Petite Ourse.

Le Jabmé-Aimo, ce troisième monde, est l'endroit sous les montagnes où les morts ayant eu une vie juste, sans vols, sans parjures et sans démêlés avec quiconque, se dirigent en premier lieu. Jabmeakka, la Mère de la mort, en est la divinité. Elle donne un autre corps à ceux qui descendent dans son domaine et leur assigne les mêmes fonctions qu'ils avaient lors de leur existence terrestre, leur accorde les mêmes pouvoirs. Ils deviennent alors des Jabmek, des âmes choisies par les dieux. L'existence post-mortem au Jabmé-Aimo est donc très similaire à celle vécue sur Terre, tout en étant beaucoup plus parfaite. D'ailleurs, les vivants et les défunts sont considérés comme les membres indissociables, les deux moitiés d'une même famille. Les frontières entre les mondes sont donc très ténues et le dialogue entre les Samis et les Jabmek, très courant, afin de leur demander conseil pour gérer les affaires de la vie quotidienne, pour garder les troupeaux de rennes en bonne santé ou pour soigner les malades. C'est le rôle du sorcier, ou Noaidi, que d'être le lien entre le monde des vivants et le monde des morts, le médiateur entre les humains et les esprits. Lui seul peut voyager dans l'au-delà grâce à des rituels précis afin de s'entretenir avec les ancêtres, et en revenir sans encombre.

Les Jabmek passent leur temps au Jabmé-Aimo à chasser, à pêcher, à boire de l'eau-de-vie, à fumer du tabac, à profiter de leur compagnie mutuelle, à pratiquer l'art runique magique, à organiser des festins dans de grandes tentes, dans la plus grande félicité et l'abondance, en compagnie des esprits de la nature, les Saiwo. Les Saiwo-Olmak sont les divinités de la montagne et les Saiwo-Neidès, les dieux des animaux. Les ours, les rennes, les poissons, les serpents et les oiseaux sont traités en ce lieu comme les humains. Au Jabmé-Aimo, on excelle en toute chose, et en particulier dans la pratique des arts traditionnels.

Après avoir passé un certain temps au Jabmé-Aimo, les esprits des morts les plus méritants ou glorieux sont accueillis pour l'éternité au Radien-Aimo, le monde céleste du dieu de la fertilité Radien, celui qui gouverne l'Univers et en est le créateur.

Un troisième monde existe, encore plus confidentiel, le Saivo-Aimo, paradis réservé aux chamans et aux sorciers.

LE RITUEL

Les sorciers de Laponie savent se transporter en esprit, grâce à des rituels précis d'extase et de transe au son des tambours, jusqu'au monde des morts du Jabmé-Aimo, afin d'y converser avec les ancêtres et leur demander des conseils divers et des faveurs, comme celle de soigner un malade ou de protéger un troupeau de rennes. C'est le rituel du Saiwo. Ce sont alors les Saiwo-Guellés, les esprits des serpents, qui les emmènent sous terre sur leur dos jusque dans l'au-delà et les défendent contre d'éventuelles mauvaises rencontres. Des jongleurs et des danseurs sont présents lors de la cérémonie afin d'attirer et d'amuser les Saiwo et de retenir leur attention afin qu'ils prennent soin des sorciers.

Les chants sacrés du Joik, répétés en boucle, imitent souvent des sons naturels et des cris d'animaux. Chaque espèce animale possède son Joik. Il en existe un pour le loup, un pour l'ours, le saumon, le corbeau ou encore le renne. Chanter ce type de mélodie pour un Sami équivaut à invoquer l'esprit de l'animal et sentir sa présence, acquérir sa force. Pour le sorcier qui veut se rendre dans le monde souterrain, il faut alors chanter le Joik du serpent.

Une fois arrivé au Jabmé-Aimo, le chaman rencontre le Jabmek, l'âme ancestrale précisément recherchée en fonction de sa demande, et cette dernière décide de l'assister ou non le temps du rituel. Puis le sorcier est raccompagné sur Terre par un autre Saiwo. Plus le sorcier aura rencontré de Saiwo et de Jabmek et plus sa magie sera puissante et plus grande sera sa renommée. Il est important d'avoir à son actif des Saiwo très diversifiés comme des oiseaux, des poissons, des rennes ou des forces et éléments de la nature. Il sera plus facile ensuite d'y avoir de nouveau recours en fonction des besoins. Ceux-ci se transmettent d'ailleurs ensuite par succession entre les sorciers, comme n'importe quel bien. Les animaux blancs sont les plus vénérés. Un véritable culte leur est rendu.

Un autre rôle du sorcier, non moins important, est de guider les âmes au royaume des morts.

L'instrument indispensable au sorcier pour rentrer en transe et accéder au royaume des morts est le tambour rituel en peau de renne, ou goavddis, décoré de runes ésotériques multiples en lien avec la mythologie et la cosmogonie samie. Le centre est toujours décoré d'un losange des angles duquel partent quatre rayons. Cette rune spécifique symbolise le dieu-Soleil. Avant d'entreprendre un voyage mystique dans l'au-delà, le sorcier place un anneau de métal sur la peau du tambour en son centre. Puis il tape un coup bref sur le tambour à l'aide d'un marteau fait d'un bois de renne. Le déplacement de l'anneau sur l'un des autres signes donne un présage, bon ou mauvais, que seul le sorcier est en mesure d'analyser.

Les siéides sont des lieux sacrés naturels pour les Samis. Il s'agit de formations rocheuses inhabituelles ressemblant à un homme ou à un animal, et que les chamans vénèrent comme des passerelles vers le monde des esprits en les liant aux esprits de la forêt, des lacs et des montagnes. Il faut honorer ces esprits en étalant devant les siéides des brindilles fraîches, des feuilles ou de l'herbe. Les siéides peuvent être aussi en bois, comme un arbre à la forme étrange ou une souche imposante taillée à la main.

Pour pratiquer le rituel du Saiwo, commencez par trouver un siéide en pleine nature, un endroit rocheux atypique ou un arbre à la forme particulière qui vous évoque quelque chose de personnel. Prévoyez des offrandes de couleur noire pour Jabmeakka, la maîtresse du monde des morts, afin qu'elle laisse un Jabmek revenir et s'entretenir avec vous. Comme l'existence post-mortem au Jabmé-Aimo est similaire à celle vécue sur Terre, apportez aussi un objet symbolisant l'activité passée du défunt pour le faire venir. Puis enterrez-le pour que le Jabmek puisse s'en saisir et accepter l'entrevue que vous lui demandez. Commencez à chanter le Joik du serpent. Vous devez pour cela vous approprier la personnalité du serpent, sa façon de se déplacer en rampant, l'endroit où il vit, son sifflement, et tenter de recréer tout cela à travers votre chant. Une fois que vous êtes protégés par le Saiwo-Guellé du serpent, faites vos demandes à l'esprit invoqué et, une fois le rituel terminé, libérez-le. Afin de savoir si celui-ci répondra favorablement à vos interrogations, procurez-vous un tambour ou tendez simplement une étoffe que vous attacherez solidement sur un cadre quelconque. Imaginez des signes positifs ou négatifs sur sa surface et placez en son centre une pièce de monnaie. Frappez un coup sec sur la surface tendue, voyez où la pièce se déplace et vous aurez peut-être votre réponse.

19

Mongols et peuples nomades d'Asie centrale : le Tengri

LA LÉGENDE

Gök Tengri, l'Éternel Ciel Bleu, est la principale divinité des nomades des steppes d'Asie centrale, comme les tribus magyares, les protos-Turcs (Göktürks) et les Mongols. Son culte fut probablement importé d'Europe de l'Est par les Huns d'Attila et les premiers Bulgares.

Gök Tengri est le créateur de toute chose, le Ciel-Père. Il est représenté sous la forme d'une oie blanche qui survole en permanence une étendue infinie d'eau qui symbolise le temps. L'eau existait bien avant la Terre. Ak Ana, la déesse de l'eau, ordonna à Gök Tengri de sortir de son inaction et de sa solitude et de créer. Celui-ci récupéra alors du sable et de l'argile au fond de l'eau et façonna la terre grâce à ces matériaux.

La première créature à laquelle il donna la vie se nommait Erlik. Mais celui-ci développa des sentiments de fierté, d'orgueil et d'arrogance, et voulut rapidement devenir l'égal de son créateur. Gök Tengri dut le punir en l'envoyant dans le monde souterrain, le Tamag, dont il est à présent le maître en tant que dieu de la mort et du mal, avec Elos, la déesse du chaos, et de nombreuses divinités représentant chacune une calamité. Erlik, pour se venger, répandit alors sur l'humanité les maladies, les épidémies et la mort.

D'après une légende sibérienne jusqu'où le mythe s'étendit, Erlik emmena les mammouths dans le monde souterrain pour le servir, mais certains tentèrent de s'échapper et gelèrent instantanément en guise de punition. C'est la raison pour laquelle on retrouve encore de nos jours des fossiles de mammouths aussi bien conservés dans la toundra.

Puis Gök Tengri, après avoir créé de nombreuses autres divinités, se retira au ciel depuis lequel il peut interagir sur sa création terrestre et les humains qui la peuplent désormais, par l'intermédiaire d'animaux sacrés qu'il envoie parmi eux.

Le démiurge règne depuis sur quatre-vingt-dix-neuf niveaux célestes nommés dans leur ensemble « le Tengri » (« Uçmag » en langue altaïque). C'est l'endroit où résident les dieux et les âmes des ancêtres et depuis lequel ces derniers veillent sur l'abondance des terres sacrées.

Le tout, englobant le ciel, la Terre et le monde souterrain, forme un arbre cosmique nommé « Ulukayın » dont les branches rejoignent tous les niveaux. Les chamans peuvent passer d'un niveau céleste à l'autre grâce à des ouvertures afin d'y convoquer les esprits.

LE LIEU

Gök Tengri règne sur quatre-vingt-dix-neuf royaumes célestes, dont cinquante-cinq se situent à l'ouest et quarante-quatre, à l'est.

Chacun de ces royaumes est dirigé par une divinité spécifique nommée un « Tngri ». Les cinquante-cinq Tngri de l'ouest du niveau céleste sont les esprits blancs bienveillants et les quarante-quatre Tngri de l'est sont les esprits noirs terrifiants. Les quatre-vingt-dix-neuf royaumes sont répartis sur sept étages superposés. Les âmes des personnes décédées sont réparties dans l'un ou l'autre de ces royaumes en fonction de leur statut social.

À l'ouest du Tengri sont accueillis les esprits des nobles et des personnes les plus importantes du clan mongol, tandis qu'à l'est se retrouvent ceux des gens du peuple, des personnes ordinaires.

Certains niveaux du Tengri de l'ouest comprennent aussi les Seigneurs des Esprits des anciens chefs de clans, les Esprits protecteurs des grands chamans et enfin les Esprits gardiens des petits chamans associés à une localité précise, une montagne ou une rivière.

La vie dans l'au-delà est tout à fait similaire à celle d'ici-bas. C'est pourquoi les défunts sont enterrés avec tous les objets qui peuvent leur être utiles au Tengri, car tout ce qui sert dans cette vie servira aussi dans la prochaine. Les Mongols croient en effet que, après le séjour sur le monde terrestre, ils vivront dans un autre monde où ils agrandiront leurs troupeaux, se querelleront et lutteront, mangeront et boiront, joueront aux osselets, tireront à l'arc, chevaucheront dans la steppe eurasienne, participeront à des courses de chevaux, chasseront avec leurs faucons, et ne feront rien d'autre que ce que font les vivants.

Gök Tengri réside au dernier niveau des mondes célestes, au septième niveau. Le sixième niveau est partagé entre Ay Ata, la divinité de la Lune et du froid, et Gün Ana celle du Soleil et de la chaleur. Ensuite, dans les autres niveaux, on trouve de nombreuses autres divinités, comme Umay la Terre-Mère qui contrôle également les soixante-dix-sept territoires terrestres et autant d'esprits divins représentés par des animaux ou des éléments naturels. Kayra est le dieu de la vie et de l'air. Il a planté l'arbre de vie et axe du monde, Ulukayın, et a lui-même réparti les autres divinités dessus.

Kizagan est le dieu de la guerre. Celui-ci protège ses dévots de leurs ennemis et les aide à gagner leurs batailles. Il partage un niveau céleste avec Mergen, le dieu-archer de l'intelligence et de la sagesse.

Aysit est la déesse de la fertilité qui ramène l'âme des nouveau-nés depuis le Tengrin pour qu'elles s'incarnent sur Terre et enregistre chacun de leurs noms dans le Livre d'or du destin.

Dayan Deerkh est l'esprit gardien des initiations chamaniques et de la loi bouddhiste. Ce dernier porte un miroir autour du cou, destiné à éloigner les mauvais esprits, un attribut également utilisé par les chamanes, et un collier composé de perles bicolores indiquant la coexistence du bouddhisme et du chamanisme.

D'autres niveaux abritent Ak Ana, la déesse de l'eau initiatrice de la création terrestre, Ulgen, le dieu de la lumière et de la bonté et protecteur de l'humanité contre Erlik, Kuara, le dieu du tonnerre, Baianai, la déesse de la forêt, de la chasse et de la pêche, Sagaan Ubgen, le gardien de la vie et de la longévité, Alaz, le dieu du feu qui purifie les âmes, et Ayaz Ata, le dieu de l'hiver.

Enfin, on peut citer Sülde Tngri, un esprit guerrier équestre associé à Gengis Khan, le fondateur de l'Empire mongol au début du XIIIe siècle, et qui était considéré par son peuple comme l'incarnation sur Terre de cette divinité.

LE RITUEL

Il existe deux types de chamanisme en Mongolie, le jaune (parfois appelé aussi blanc) et le noir.

Si, auparavant, le chamanisme noir appelait des divinités mauvaises pour apporter la mauvaise fortune aux gens tandis que le chamanisme jaune invoquait des bonnes divinités pour le bonheur et la prospérité, on peut noter de nos jours une différence notable dans ce type de pratique. Si les Tngri différent selon le type de chamanisme, bien qu'ils fassent tous partie du même macrocosme, les notions de bien et de mal ont été plus ou moins éludées.

Le chamanisme jaune intègre par syncrétisme les rituels et traditions du bouddhisme tibétain, et son nom indique un lien avec l'école Gelugpa des moines nommés « les bonnets jaunes ».

Le chamanisme noir, qui remonte à Gengis Khan que son peuple appelait « le Fils du Ciel », repose dorénavant sur le tengrisme, le culte mongol ancestral traditionnel, et intègre des éléments du chamanisme, de l'animisme, du totémisme et du culte des ancêtres. Il se veut en opposition avec les rituels bouddhistes importés dans le chamanisme jaune.

Un chaman adepte du culte jaune ne peut appeler que les esprits des Tngri de l'ouest et un chaman noir ne peut appeler que les esprits des Tngri de l'est. Un chaman jaune dérogeant à cette règle se verrait refuser le droit d'appeler à nouveau des Tngri de l'ouest. Et quant aux chamans noirs, ils sont bien trop terrifiés par la réaction de leurs propres Tngri pour s'aventurer vers des horizons spirituels qui ne sont pas les leurs.

Les chamans peuvent se rendre dans l'un des niveaux célestes correspondant à leurs croyances pour exprimer leurs souhaits aux guides divins. Mais ils ne peuvent dépasser le cinquième niveau du ciel. Ils se rendent en esprit dans les royaumes divins sur le dos d'une oie sauvage ou en prenant sa forme, en escaladant l'arbre-monde ou en passant par un arc-en-ciel.

Mais avant d'entreprendre le voyage vers le Tengri, il est essentiel de pratiquer le rituel ancestral chamaniste du Ovoo et du Aïrag. Pour cela, une préparation s'impose. En premier lieu, il est important de connaître les outils utilisés par les chamans mongols.

Des stèles rituelles faites d'un amoncellement de pierres sont élevées un peu partout en Mongolie. Ce sont les Ovoo, créés en l'honneur de Tengri et des esprits. Un Ongon est une idole qui représente l'esprit très puissant d'un chaman décédé. L'ongon joue un rôle essentiel dans les rituels invoquant un Tngri. Il peut être placé dans une maison, sur un autel ou dans un lieu consacré en pleine nature. Le maître des Ongon est le dieu Dayan Deerkh, gardien du savoir chamanique. Cette idole est en général une petite figurine assez grossière faite de bois et de lanières de cuir pour simuler les bras. Des morceaux de métal ou des pièces de monnaie peuvent agrémenter sa tenue. Placé à un endroit choisi par son possesseur, il lui attirera chance et protection.

L'Aïrag est une boisson sacrée à base de lait de jument fermenté. Il faut battre le lait frais environ cinq cent fois avant de le verser dans un récipient en peau de vache pour aider à la fermentation. C'est, en dehors de son usage cérémoniel, une boisson nutritive importante dans l'alimentation quotidienne des peuples nomades d'Asie centrale.

Construisez tout d'abord un Ovoo à l'aide de pierres que vous empilerez les unes par-dessus les autres. Si vous voulez en faire une version plus adaptée à votre intérieur, servez-vous de galets par exemple. Munissez-vous aussi d'un miroir pour repousser les mauvais esprits et d'un tambourin. Fabriquez un Ongon et préparez de l'Aïrag. Bien entendu, si vous n'avez pas de lait de jument fermenté sous la main, vous pouvez le remplacer par n'importe quel liquide à base d'un lait quelconque, animal ou végétal. Préparez aussi quelques offrandes diverses pour le Tngri, des fleurs, des aliments, etc. Placez votre Ongon devant vous ou au sommet de votre Ovoo afin de vous protéger devant le rituel.

Le rituel chamaniste du Ovoo et du Aïrag, qui sert à s'attirer les bonnes faveurs des esprits du ciel, consiste tout d'abord à faire trois fois le tour de la stèle Ovoo en tapant dans un tambourin puis en faisant des offrandes et en formulant des vœux. Il faut faire trois types d'offrandes : à Gök Tengri, à la terre et aux ancêtres.

Ensuite vient la cérémonie du bol d'Airag. Il faut s'asseoir sans croiser les jambes, abaisser la manche droite de votre chemise ou vêtement pour couvrir la peau, placer la main gauche sous le coude droit et saisir le bol contenant le liquide de la main droite tendue. (Si vous êtes gaucher, c'est l'inverse). Après avoir bu une gorgée, reposez le bol puis trempez le majeur dans le liquide afin d'en asperger quelques gouttes en direction de la gauche, au milieu puis vers la droite au-dessus de votre tête pour bénir la Terre, le ciel, et votre territoire. Puis déposer une goutte sur votre front pour attirer la bienveillance des esprits. Répétez ce rituel trois fois de suite. Ensuite, videz entièrement le bol en buvant le reste de son contenu.

Demandez alors aux esprits célestes de vous accorder leur protection et leurs faveurs et bénissez les forces de la nature en remerciant Gök Tengri, le Ciel-Père, et Umay, la Terre-Mère, pour leur bonté.

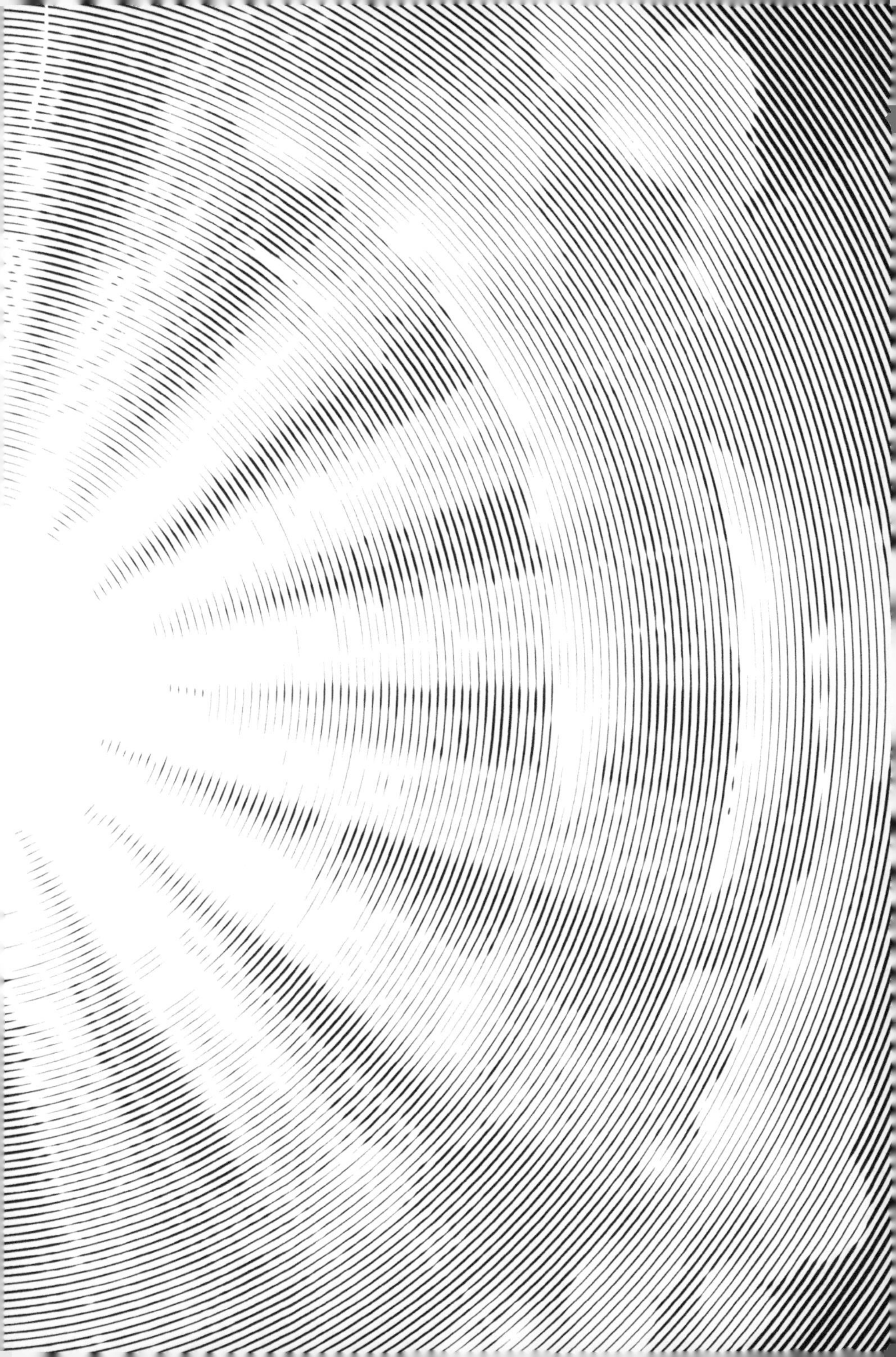

20

Haïti et vaudou : Ginen

LA LÉGENDE

D'après un mythe cosmogonique de l'ancien royaume du Dahomey en Afrique, berceau de la religion vaudou, Damballa est l'esprit de la fécondité et de la connaissance, représenté par le serpent cosmique qui créa l'Univers tout entier. Il façonna la Terre avec les ondulations de son corps qui créèrent les collines et les vallées. Puis il mua et, en même temps qu'il libérait les eaux sur Terre, il rejeta sa peau dans le Soleil. Le reflet de l'astre dans l'eau créa l'arc-en-ciel dont Damballa fit sa femme. Ayida-Wedo, de son nom, devint ensuite l'esprit bienfaisant du ciel et des nuages et Damballa se lova en cercle autour du monde pour le maintenir en place. Celui-ci tournait autour de la Terre, provoquant ainsi le mouvement des corps célestes.

Damballa portait dans sa bouche un couple divin, Mawu et Lisa, qui donna naissance à tous les esprits de la nature, les loas. Mawu et Lisa sont généralement considérés comme la part masculine et la part féminine d'une seule entité et représentés par le Soleil et La Lune.

Comme il faisait froid dans le monde, Mawu donna le feu à l'esprit de ce même élément, Shango, qui partagea cette connaissance avec l'esprit du fer Ogoun-Feray afin de fabriquer des objets pour les êtres humains qui eux-mêmes arrivèrent en tout dernier, bien après les animaux et les végétaux. Lisa donna aux humains l'esprit et la connaissance et Cousin Zacca, l'esprit de l'agriculture, leur apprit à cultiver le sol. Mawu leur donna ensuite des règles morales à respecter et limita leur durée d'existence mais leur envoya les loas pour les aider avant de se retirer dans le ciel qu'il partage à présent avec Lisa.

Un nouvel esprit fut alors créé, Baron Samedi, l'esprit de la mort. Il est le gardien des âmes terrestres qu'il guide vers Ginen après la mort, le paradis vaudou.

LE LIEU

D'après les croyances vaudoues, Ginen est la terre des ancêtres et l'ultime destination, le monde des morts où retournent les âmes. Pour certains, Ginen fait référence à la Guinée, le paradis perdu des esclaves embarqués de force vers diverses destinations, comme les plantations de canne à sucre et de tabac de Louisiane et de Virginie, ou encore les Antilles et les Caraïbes, endroits où se sont développés par la suite les rites vaudous.

Cet au-delà est tout à fait comparable au paradis chrétien et le syncrétisme catholique, qui a donné lieu au culte vaudou actuel, a assimilé les anciennes divinités avec des anges, suite à la conversion forcée des anciens esclaves africains. Les loas y cohabitent avec les esprits humains. Certains rares humains peuvent devenir des loas après leur existence terrestre, mais pour cela, il faut qu'ils aient eu une vie tout à fait exemplaire et servi leur communauté.

Mawu est la divinité suprême du culte vaudou. Il manifeste sa volonté à travers une multitude de loas qui l'entourent et lui obéissent. Il est le parfait exemple de ce syncrétisme religieux puisqu'à Haïti, il est couramment appelé « Bondye » (« Bon Dieu »).

C'est Papa Legba, l'esprit intermédiaire, qui ouvre les portes entre les mondes, tout comme Saint Pierre ouvre les portes du paradis chrétien. On le nomme « le Maître des carrefours » ; c'est celui que l'on invoque le premier, et qui inaugure les cérémonies.

L'âme humaine est composée de deux parties, le ti-bon-ange et le gros-bon-ange. L'une des deux demeure dans le corps physique après le décès, assistant à sa décomposition et devant être protégée des mauvais loas ou des sorciers par des rites spécifiques lors de la fête des morts le 1er novembre, tandis que la seconde moitié se dirige vers Ginen.

Le groupe des Guédés fait partie des loas. Ce sont les esprits de la mort et des cimetières. Tous les temples vaudous ont un autel consacré aux Guédés, avec des têtes de mort et des lampions. Tout début novembre, plusieurs cérémonies leur sont consacrées.

Les Guédés sont dirigés par Baron Samedi et sa femme Maman Brigitte. Baron Samedi est souvent représenté sous la forme d'un squelette à l'apparence distinguée, vêtu d'un costume et coiffé d'un haut-de-forme, portant des lunettes de soleil cassées, fumant le cigare et appréciant le rhum brun. À la fois esprit et homme, il a la capacité de se déplacer sur les deux plans, spirituel et matériel. C'est lui qui guide les âmes des morts vers le paradis vaudou, Ginen.

Maman Brigitte boit du rhum extrêmement pimenté et possède de longs cheveux rouges flamboyants. Elle est toujours accompagnée de poulets noirs et protège uniquement les pierres tombales pourvues de croix. Elle apprécie la dentelle et les bougies violettes.

Les autres Guédés sont d'autres incarnations de Baron Samedi selon la situation.

Baron cimetière est l'esprit qui creuse les tombes. Il symbolise le luxe et la distinction feinte, car son apparente politesse cache une certaine vulgarité. Il demande des cigares, des liqueurs fines et des grains de café en contrepartie de ses services.

Baron Lacroix vient chercher les âmes des morts chez eux pour les emmener au cimetière. Il est toujours précédé de papillons noirs qui annoncent ainsi sa venue. Il est sophistiqué et charmeur et représente le souvenir des plaisirs de la vie terrestre.

Baron Kriminel est invoqué dans les rituels de vengeance, lors d'un assassinat par exemple. C'est lui-même un ancien condamné à mort, craint par ceux qui l'invoquent et à l'apparence terrifiante.

Mais dans le vaudou, il n'y a pas de notions de récompense ou de châtiment post-mortem. L'au-delà est un monde paisible et accessible à tous dans l'attente de la réincarnation terrestre. Cependant, le risque pour un esprit défunt est d'être ressuscité artificiellement avant l'heure et transformé en zombi par un rituel vaudou secret qui permet d'en faire un esclave obéissant à toute demande occulte. Dans ce cas, c'est Maman Brigitte qui, une fois invoquée, aura la charge de libérer à nouveau l'âme soumise. Faire avaler du sel à un zombi est le moyen le plus rapide de le libérer de l'emprise d'un sorcier vaudou. Il faut donc toujours laisser un peu de sel sur les tombes.

LE RITUEL

Le panthéon vaudou est donc constitué de nombreux esprits, les loas, qui peuvent communiquer avec les humains grâce à des rituels complexes. Ils sont le lien entre les mortels et Mawu, et c'est donc vers eux que sont dirigés les rituels vaudous.

Il existe de nombreux loas au sein du rite vaudou Rada, l'un des plus importants et qui est toujours pratiqué à Haïti.

Chaque Loa possède ses particularités. En dehors des principaux précédemment cités, on peut encore distinguer Erzulie, l'esprit de l'amour et de la beauté souvent assimilée à la Vierge Marie des chrétiens, Papa Loco, l'esprit de la végétation et le patron des guérisseurs, Cousin Zacca, l'esprit protecteur des paysans et des récoltes, Ogoun, l'esprit de la guerre et du fer, Shango, l'esprit du feu ou encore Mami Wata (aussi appelée la Sirène), l'esprit de l'eau. Il en existe encore beaucoup d'autres.

Papa Legba, par sa qualité d'intermédiaire entre les loas et les hommes, est le seul à pouvoir ouvrir les portes entre les deux mondes. Il se tient à la frontière des mondes des vivants et des esprits, entre l'univers visible et invisible ; il indique la route à suivre. On peut le rencontrer sur les carrefours, à la croisée des chemins. Il est représenté comme un vieil homme invalide, marchant avec une canne ou des béquilles, car le fait d'évoluer entre les mondes le fait boiter, coiffé d'un chapeau de paille et fumant une longue pipe de terre cuite. Il suspend sa sacoche aux branches d'un arbre pour y recueillir des offrandes. La canne sur laquelle il s'appuie est la passerelle entre les mondes.

Papa Legba peut posséder la personne qui l'invoque et lui provoquer un état de transe intense. C'est lui qui décide si la personne pourra communiquer ou pas avec le monde des esprits. Sans l'aide de Papa Legba, aucun esprit ne peut entendre l'appel d'un mortel.

Nous allons donc procéder au rituel de l'ouverture des portes par Papa Legba. Toutes les cérémonies et rituels vaudous doivent commencer par une offrande qui lui est destinée, afin qu'il ouvre la porte et laisse les autres esprits entrer en communication avec nous.

Papa Legba est bienveillant envers ses fidèles et peu exigeant. Il est la personnification de la sagesse et de l'humilité. L'offrande peut comporter au choix des bonbons, du chocolat, du rhum, du parfum, du tabac à pipe, des cigares, une canne, du café ou du sirop de canne. Il aime aussi particulièrement les pistaches, les bananes, les patates douces, le riz et le maïs grillé. Sa couleur est le rouge, donc allumer une bougie de la même couleur est conseillé.

Un hochet fabriqué dans une courge et contenant des os de serpent, des graines ou des perles servira à invoquer les esprits.

D'autre part, il est possible que Papa Legba, en ouvrant les portes entre les mondes, laisse passer des esprits indésirables ou nocifs. Le Paket Kongo est l'outil indispensable pour vous protéger dans ce cas. Il s'agit d'une puissante amulette sous la forme d'un petit sachet renfermant diverses herbes aux pouvoirs supposés magiques, de la terre consacrée de cimetière ou des pierres diverses en fonction de leurs vertus en lithothérapie. Fermé et décoré ensuite de rubans, de chaînettes, de plumes, de coquillages, de sequins ou de perles, il assurera votre protection durant le déroulement du rituel.

Avant d'invoquer un loa, il faut tracer sur le sol avec de la farine de maïs ou à la craie le vévé, symbole sacré qui servira de point de passage aux esprits. Chaque loa possède son propre vévé arborant les attributs de la divinité. Celui de Damballa par exemple comporte deux serpents parallèles entourant un bâton, ou en triangle autour d'une croix. Celui d'Erzulie est un cœur percé d'une épée. Celui d'Ogoun contient un sabre et du feu. Celui de Baron Samedi est une croix sur une tombe entourée de deux cercueils. Celui de Papa Legba, qui nous intéresse dans notre rituel, est une croix complexe décorée d'une canne.

Tracez le vévé sur le sol puis prononcez l'invocation suivante :

Atibon-Legba, ouvre-moi la barrière, agoé !
Papa Legba, ouvre-moi la barrière pour que je passe.
Lorsque je retournerai, je saluerai les loas.
Vodou Legba, ouvre-moi la barrière pour que je rentre.
Lorsque je retournerai, je remercierai les loas.
Abobo !

Une fois la porte entre les mondes ouverte, vous pouvez invoquer le loa qui vous intéresse en fonction de ses caractéristiques et de la demande que vous souhaitez effectuer. Si votre requête ou votre question est liée à une relation sentimentale, appelez plutôt Erzulie. Pour une demande concernant le travail, Cousin Zacca est tout indiqué. Pour une question de santé, c'est Papa Loco qui pourra vous aider. Si vous souhaitez partir en mer, l'esprit de l'eau Mami Wata vous protégera. Pour acquérir force et courage avant d'entreprendre une action, mieux vaut appeler Ogoun. Pour demander conseil à un ancêtre ou accompagner un proche défunt, il faut invoquer Baron Samedi et Maman Brigitte.

Mais attention ; une fois les loas invoqués, ils sont libres de posséder votre corps pour une certaine durée qui s'apparente à un état de transe. Donc mieux vaut ne pas effectuer ce rituel seul, d'autant plus que la personne qui vous assiste pourra vous rapporter les paroles prononcées lors de la possession par le loa, appelée « le chevauchement par les initiés ».

Une fois votre demande effectuée et le loa ayant libéré votre esprit, demandez à Papa Legba de refermer la porte entre les mondes et remerciez-le. Puis jetez de l'eau sur le vévé pour confirmer vos demandes avant de l'effacer.

Bibliographie

L'ancien Testament, Anonyme, AELF éditions

L'Avesta, Livre sacré du zoroastrisme, Traduit du texte Zend par Charles de Harlez, Maisonneuve, 1881

L'épopée de Gilgamesh, Texte établi d'après les fragments babyloniens, assyriens, hittites et hourites, Kedistan.net

L'Évangile et l'Apocalypse de Pierre publiés pour la première fois d'après les photographies du manuscrit de Gizéh avec un appendice sur les rectifications à apporter au texte grec du Livre d'Hénoch, Adolphe Lods, Ernest Leroux éditeur, 1893

L'histoire des mythes fondateurs, Voyage dans l'imaginaire de l'humanité, Le Monde hors-série, 2022

L'origine des Mythes, Aux racines du monde, Les Cahiers de Science et Vie, n° 147, Août 2014

La Bhagavadgita illustrée par la peinture indienne, Traduction par Marc Ballanfat, Éditions Diane de Selliers 2016

La Théogonie d'Hésiode, Traduction par M. Patin, Typographie Georges Chamerot, Gallica/BNF, 1872

Le Kojiki (Chronique des choses anciennes), Introduction, traduction intégrale et notes par Masumi et Maryse Shibata, Éditions G-P. Maisonneuve et Larose Paris, 1969

Le Livre des Morts des anciens égyptiens, traduction complète d'après le papyrus de Turin et les manuscrits du Louvre par Paul Pierret, Ernest Leroux éditeur, 1882

Le Livre des Morts Tibétain, La grande libération par l'audition pendant le Bardo, Guru Rinpoche selon Karma Lingpa, Le courrier du Livre, 1979

Les Gathas de Zoroastre, Invocations d'un sage de la Perse antique à la divinité, Transcription en prose rythmée par Carlos Bungé, Les éditions Mazdéennes, 1933

Les sentiers de l'au-delà, *Air Tahiti Magazine*, n°68, septembre-décembre 2010

Leabar Gabala, Livre des Invasions de l'Irlande, Traduction Lizeray H. et O'Dwyer W., Maisonneuve frères et Ch. Leclerc, 1884

Livre de la Genèse I à VII tirés de la Bible, Anonymes, Éditions du théâtre classique, 1806

Babelon Jean, *La vie des Mayas*, Librairie Gallimard, 1933

Baudez Claude-François, *Les Mayas*, Guide Belles Lettres des civilisations, 2017

Bernand Carmen, *Les Incas, Peuple du Soleil*, Découvertes Gallimard 2010

Blondet Marieke, *À la recherche de la nature et de sa vision aux Samoa Américaines*, *Journal de la Société des Océanistes*, 2008

BOUVIER Pierre, *Endoréisme aborigène*, Revue de socio-anthropologie, 2002

BRAGA Corin, *Les Banshees irlandaises et le monde souterrain des Tuatha De Danann*, Université Babes-Bolyai de Cluj, Roumanie, 2018

BRUNET François-Florentin, *Parallèle des religions*, Knapen éditeur, 1792

CARRIER Claude, *Les Textes des Pyramides de l'Égypte ancienne*, Éditions Cybèle, 2009

COLLECTIF, *Popol Vuh, le livre de la communauté*, Le Castor Astral, 2017

CORNU Philippe, *Dictionnaire Encyclopédique du bouddhisme*, Seuil, 2006

DURAND-FOREST Jacqueline de, *Les Aztèques*, Guide Belles Lettres des civilisations, 2010

DURAND-FOREST Jacqueline de, *Pratiques religieuses et divinatoires des Aztèques*, Realia/Les Belles Lettres, 2020

ELKIN A.P., *Les aborigènes australiens*, Gallimard / Bibliothèque des sciences humaines, 1967

ELLIS William, *À la recherche de la Polynésie d'autrefois*, Publications de la Société des Océanistes, Musée de l'Homme, 1972

ERIK Hornung, *Les textes de l'au-delà dans l'Égypte ancienne*, Éditions du Rocher, 2007

Etiembre Yvan et divers auteurs, *Les métamorphoses de Sila : Mythologie et chamanisme des Inuits*, Regard éloigné, 2011

Gagneur Elvire, *La descente aux Enfers – La mort en Mésopotamie d'après quelques textes littéraires*, Hypothèses, 2007

Garcia Franck, *Les Incas*, Ellipses coll., Biographies & mythes historiques, 2019

Gourmelon Duffau Noëllie, *Les 4 sagesses tibétaines, pour renaître de chaque étape de vie*, Leduc, 2020

Gourmont Rémy de, *Chez les Lapons, Mœurs, coutumes et légendes de la Laponie norvégienne*, Librairie de Firmin-Didot, 1890

Guelpa Patrick, *Dieux et mythes nordiques*, Presses universitaires du Septentrion, 2009

Itier César, *Les Incas*, Les Belles Lettres coll., Guide Belles Lettres des civilisations, 2010

Jovanovic Pierre et Vaillant André, *Le Livre des Secrets d'Enoch*, Le Jardin des Livres, 2005

Leverd André, *Croyances relatives aux âmes et à l'autre vie chez les polynésiens*, BSEO n°248, sept 1989

Lévy-Bruhl Lucien, *La Mythologie primitive : le monde mythique des Australiens et des Papous*, Presses Universitaires de France, 1963

Lino Emara, Le *Monde des Esprits amérindiens : À la découverte de votre animal totem*, Ellébore, 2020

MÂNEDOTTIR Sigrid, *Le pouvoir des runes d'Odin – Maîtrisez votre Wyrd grâce aux glyphes nordiques*, Ellébore 2021

MARCELIN Émile, *Les grands dieux du vodou haïtien*, Journal de la société des américanistes, 1947

MASPERO Henri, *Le taoïsme dans les croyances religieuses des Chinois à l'époque des Six dynasties*, Mélanges posthumes sur les religions et l'histoire de la Chine, Bibliothèque de diffusion du Musée Guimet, Paris, 1950

NERUDA Pablo, *Hauteurs de Macchu Picchu*, Éditions Seghers, 1973

NORMANDIN Sophie, *Le Popol Vuh et les Prophéties du Chilam Balam, l'obsession du passage du temps dans les textes fondateurs mayas*, autoédition

PENTIKÄINEN Juha, *Mythologie des Lapons*, Éditions Imago, 2011

PÉRET Benjamin, *Livre de Chilam Balam de Chumayel*, Éditions Denoël, 1955

PICKOVER Clifford A., *Le livre de la Mort et de l'Au-delà*, Dunod, 2019

RASMUSSEN Knud, *Du Groenland au Pacifique. Deux ans avec des tribus Inuit*, Interfolio Livres, 2018

RIGAUD Milo, *La tradition voudoo et le voudoo haïtien (son temple, ses mystères, sa magie)*, Éditions Niclaus, 1953

RINPOCHÉ Sogyal, *Le livre tibétain de la Vie et de la Mort*, Éditions de la Table Ronde, 1992

RINPOCHÉ Sogyal, *Pratique pour renaître en terre pure d'Amitabha*, Rigpa France, 1992

ROUX Jean-Paul, *Les religions dans les sociétés turco-mongoles*, *Revue de l'histoire des religions*, tome 201, 1984

ROUX Jean-Paul, *Tängri. Essai sur le ciel-dieu des peuples altaïques*, *Revue de l'histoire des religions*, tome 149, 1956

SANCHEZ Jean-Pierre, *Mythes et légendes de la conquête de l'Amérique*, Presses universitaires de Rennes, coll. Histoire, 1996

SAINT-JUST Noé, *Chamanisme aztèque, maya, inca et toltèque - Visions : Quetzalcóatl et les émissaires nains*, Quetzal Éditions, 2017

SCHWARTZ Fernand, *Initiation au livre des morts égyptiens*, Albin Michel, 1988

SCHWARZ Fernand, *Les traditions de l'Amérique ancienne, Mythes et symboles : Olmèques, Chavin, Mayas, Aztèques, Incas…* Éditions Dangles, Horizons ésotériques, 1982

SÈNGUÉ Tcheuky, *Petite encyclopédie des divinités et symboles du bouddhisme tibétain*, Éditions Claire Lumière, 2002

SHAMAR RINPOCHÉ Kunzig, *Le monde de Dewachen*, Bibliothèque Dhagpo Kagyu, 1981

STURLUSON Snorri, *L'Edda en prose et le Gylfaginning – Récits de mythologie nordique*, Gallimard, 1991

SULDRUN Camille, *Magie et rituels de l'Égypte antique - Reconnectez-vous à votre voie sacrée*, Ellébore, 2021

TEUIRA Henry, *Tahiti aux temps anciens*, Publications de la Société des Océanistes, Musée de l'Homme, 1968

TOFFIN Gérard, *La montagne cosmique dans les mondes indien et tibétain : mont Meru et mont Kailas*, Revue régionale d'ethnologie, n°1-2/1988

VAN GENNEP Arnaud, *Mythes et légendes d'Australie*, E. Guilmoto éditeur, 1905

VIRGILE, *L'Énéide*, Astramenta, 2012

WANG Zhan et WU Changli, *La mort dans la tradition chinoise selon le taoïsme, le bouddhisme et le confucianisme : des conceptions complémentaires*, Essais, Revue interdisciplinaire d'Humanités, 2021

ZUIDEMA R. Tom, *Lieux sacrés et irrigation : tradition historique, mythes et rituels au Cuzco*, Annales d'anthropologie historique des sociétés andines, Armand Colin, 1978

L'AUTEUR

Thierry Boucanier est l'auteur de livres traitant d'art, de musicologie et d'occultisme. Son intérêt pour la mythologie, les croyances et les rituels des cultures anciennes l'a conduit à explorer la richesse de la spiritualité de ces antiques civilisations, dont les enseignements mystiques sont toujours d'une actualité saisissante. Il est aussi l'auteur des *Dimensions sacrées des Mayas* (2021), d'*À la croisée des trois mondes spirituels incas* (2021), *La Mystique des cinq soleils aztèques* (2022) et *Le Joyau dans le Lotus* (2022) aux éditions Ellébore.

Dépôt légal : mars 2023
Achevé d'imprimer en février 2023 par Booksfactory

Imprimé en Union européenne